教育と法の狭間で

法的アドバイスをもとにした実際の生徒指導事例60

梅澤秀監
黒岩哲彦 著

学事出版

は じ め に

　職員室では、先生方が身近な話題について話をすることがしばしばあります。話題は生徒の成績や問題行動、保護者のこと、社会で起きた事件など多岐にわたると思います。特に、生徒に関わる話題の中には、法的にはどのように考えたらよいかわからないため、法律の専門家の意見を聞きたいと思うことがあります。

　こうした背景を踏まえて、学事出版の教育雑誌『月刊生徒指導』の編集者から「教育と法の狭間で」という連載企画の提案を受けました。相談の結果、「事例」「事例の背景」「法的には……」「法的アドバイスを受けて」という構成が決まりました。執筆は、高校の教員であった梅澤秀監が事例監修を担当し、梅澤と30年以上にわたって一緒に少年問題について研究会活動を行い、学校問題や少年事件に取り組んできた黒岩哲彦弁護士に法的アドバイスを担当していただくことにしました。2011年4月号から始まった連載が100回を迎えたのを機に、この中から重要な60のテーマを選んで一冊にまとめたのが本書です。

　法的アドバイスと教員の考え方に齟齬が生じる場合があります。「〝法的にはこう考える〟と言われても、学校の現場ではそうはいかない」あるいは、「法的にはそのように考えるのか！」と新たな学びもあります。このように、複雑化する学校問題について、法律の専門家のアドバイスを受けて、教員としてどのように考え、どう対処したらよいか、現場の教員の視点でまとめました。

　本書を、先生方の勉強会や校内研修会等のテキストとしてお使いいただくことは有効であると思います。（ちなみに……研修会等で本の一部をコピーして使用する際には、書名・著者名・出版社名など「出所の明記」をお願いします。研修会や授業以外でお使いになる場合、著作権の問題が発生します。詳しくは、第7章で）

　本書の活用で、法的な視点を踏まえた生徒指導が実践されることを願っています。

梅澤秀監・黒岩哲彦

教育と法の狭間で
法的アドバイスをもとにした実際の生徒指導事例60

目次

はじめに　3

1 校則・生徒心得にかかわる問題

- 01 入学式に茶髪で登校した新入生に対する指導　6
- 02 変形した制服で登校した生徒に対する指導　8
- 03 校則制定権の法的根拠は何か　10
- 04 校則に規定のない懲戒はできないのか　12
- 05 頭髪指導と子どもの人権　14

2 懲戒・体罰と子どもの人権

- 06 所持品検査を行うことの是非　16
- 07 ゼロ・トレランス方式の生徒指導　18
- 08 指導の後に、生徒が自殺した（指導死）　20
- 09 教師が、校外で生徒の喫煙を見つけた　22
- 10 服装・頭髪違反の生徒を別室受験させた　24
- 11 親の了解のもと行った体罰の是非　26
- 12 部活動指導に伴う体罰　28
- 13 罰当番としての掃除は体罰に当たるか　30
- 14 授業中に騒ぐ生徒を、廊下に出して立たせた　32
- 15 問題行動の事実を内申書に記載した　34
- 16 学級閉鎖の基準をどうするか　36
- 17 日付なしの退学届の法的効力　38
- 18 内申書が悪くなるぞ　40
- 19 借りた本を返さない生徒の氏名を掲示した　42
- 20 誰のための学習権か　44
- 21 教師の何気ない言動が子どもを傷つける　46

3 児童・生徒の問題行動と暴力・非行

- 22 風俗店でアルバイト　48
- 23 校内で盗難が発生した　50
- 24 万引きしたお菓子を貰って食べた　52
- 25 指導に腹を立てた生徒が、壁を蹴って穴を開けた　54
- 26 公園の銅像と建物の壁にペンキで落書きをした　56
- 27 対教師暴力と正当防衛　58
- 28 対教師暴力で退学処分　60
- 29 発達障害をもつ生徒が暴力を振るった　62

30 暴力を振るった生徒に被害者の親が停学処分を求めた　64

31 生徒が万引きをして捕まった―少年法に基づく処遇と学校の対応法　66

32 家出、飲酒・喫煙を繰り返す生徒の指導　68

33 家裁から学校照会がきた　70

34 先輩からカンパを集めるように言われた　72

35 試験観察とは何か　74

4 いじめ・ネットトラブル・学校事故

36 いじめ自殺裁判から学ぶ　76

37 いじめの加害者はどのような罪に問われるのか　78

38 ネット上のトラブルにどう対応するか　80

39 ネット上の掲示板に悪口を書き込まれた　82

40 自転車交通事故の責任は　84

41 友人からもらったクッキーでアレルギーの発作　86

42 部活動中に生徒が熱中症で死亡　88

43 理科の実験中に生徒がやけどをした　90

44 自習時間中に生徒がけがをした　92

5 進級・留年・進路変更に関する規定

45 不登校生徒の高校進学問題　94

46 留年すると全科目再履修させることの是非　96

47 保健室登校を「出席扱い」にできるか　98

48 原級留置に関する内規の効力　100

49 退学処分に代えて退学勧告をした　102

50 子どもが家出をしたので、親が退学手続き　104

51 出席日数ゼロでも進級させて良いか　106

52 特別支援学級を勧めることの是非　108

6 政治的・宗教的活動

53 公立学校における宗教教育の限界　110

54 校内で布教活動を行った生徒の指導　112

55 高校生（18歳以上）の政治活動が認められた　114

56 信仰上の理由で武道の授業を拒否できるか　116

7 学校教育と著作権

57 定期考査の問題に大学入試問題を使う　118

58 文化祭で演劇を上演する　120

59 学級通信にアニメキャラクターを使った　122

60 学校の文化祭でレンタルビデオの映画を上映できるか　124

01 入学式に茶髪で登校した新入生に対する指導

事例

　公立中学校の入学式に、新入生が茶髪で登校してきた。この中学校では今までこのような生徒はいなかった。生徒指導担当の教師が気づき、すぐにその生徒を生徒相談室に連れて行った。そして「茶髪で入学式に出席することは認められないから、すぐにこのスプレーで黒くする」と告げた。生徒は「いやだ」と言い張ったが、教師は「本校の校則では、茶髪は禁止している。元のように黒い髪に直さなければ校則違反で指導をすることになるぞ」と言って、いやがる生徒の頭髪を黒く染めて、入学式に出席させた。

背景

　入学式は重要な節目の儀式的行事の一つです。学校は厳粛な入学式を行う準備をしてきました。中学校学習指導要領には学校行事の内容で「全校又は学年を単位として（中略）、学校生活に秩序と変化を与え、学校生活の充実と発展に資する体験的な活動を行う」「（1）儀式的行事（2）文化的行事（3）健康安全・体育的行事（4）旅行・集団宿泊的行事（5）勤労生産・奉仕的行事」を挙げ、また、儀式的行事のねらいと内容について「学校生活に有意義な変化や折り目を付け、厳粛で清新な気分を味わい、新しい生活の展開への動機付けとなるような活動を行うこと。」とあります。
　そこに突然茶髪の生徒が現れたのですから、学校としては早急に対処する必要があると考え、染色用のスプレーで髪を黒く染めることにしたのです。小さな校則違反を見逃せば、さらに違反が拡大します。教師は素早く対処することが重要です。近年、規範意識の醸成・遵法精神の涵養が重要だと言われています。学校の毅然とした指導体制を示すことは、新入生及び保護者に対して有効な手だてです。

法的アドバイス

●髪形の自由は人権

　髪は身体の一部で髪形は美的センスと切り離せないものです。髪形の自由は憲法13条の「幸福追求の権利」として保障されています。これに関って、丸刈禁止校則裁判とパーマ禁止校則裁判があります。判決の結論は生徒の敗訴でしたが、「強制」は認めていません。

　【丸刈り禁止校則裁判・熊本地方裁判所・昭和60年11月13日判決】校則についての先駆的な裁判です。争点は公立中学校の男子生徒の髪形について「丸刈、長髪禁止」校則が憲法に違反するかどうかです。判決は「丸刈が、現代においてもっとも中学生にふさわしい髪形であるという社会的合意があるとはいえない」「頭髪を規制することによって直ちに生徒の非行が防止されると断定することもできない」等として、丸刈、長髪禁止は「合理的な根拠は乏しい」としました。ただ「指導に従わなかったとしてもバリカン等で強制的に丸刈にしてしまうとか、内申書の記載や学級委員の任命留保あるいはクラブ活動参加の制限といった措置を予定していないこと」を理由として「著しく不合理であると断定することはできない」としました。「強制」があれば違法であることを明らかにしたのです。

　【私立高校パーマ退学裁判・東京地方裁判所・平成3年6月21日判決、東京高等裁判所・平成4年10月30日判決】私はこの事件の生徒の代理人になりました。高校3年女子生徒がパーマをかけたことを理由に退学勧告を受け卒業直前に学校をやめさせられました。判決は「個人の髪形は、個人の自尊心あるいは美的意識と分かちがたく結びつき、特定の髪形を強制することは、身体の一部に対する直接的な干渉となり、強制される者の自尊心を傷つける恐れがあるから、髪形決定の自由が個人の人格価値に直結することは明らかであり、個人が頭髪について髪形を自由に決定しうる権利は、個人が一定の重要な私的事柄について、公権力から干渉されることなく自ら決定することができる権利の一内容として憲法13条により保障されていると解される。」と明言しました。

●強制は許されません

　学校・教師の専門的・教育的判断力を尊重して、教育的裁量権が広く認められています。しかし髪形の自由は人権です。いやがる生徒の頭髪を黒く染めることは「強制」ですので許されません。

アドバイスを受けて

　事例の場合、茶髪で登校した生徒を説得することが重要です。入学式は保護者も一緒に登校しているので、保護者も交えて説得する必要があります。茶髪は校則に違反することを説明して、髪を黒く染めるか、入学式に出席しないかを選択させます。強制ではなく、自己決定を促すのです。

　普通、入学式の数日前に事前指導を行います。その際、頭髪や服装に関する校則について説明をします。もし、事前指導で何も説明をしていなかったとしたら、それは学校側の不手際ですから、生徒が頭髪を黒くすることをいやがる場合には、そのままの頭髪で入学式に出席させざるを得ないでしょう。そして式後、校則の説明をして、指導を始めます。教師は、憲法違反をしてまで生徒指導を行おうとは思いません。ただ、校則違反を見逃さない、校則を守ることを教えたいと考えて指導をします。生徒のよりよい成長のために行う指導が、生徒を苦しめたり、法律違反であっては困ります。今後、教師は法的判断に必要な知識・情報を得る努力が必要です。

02 変形した制服で登校した生徒に対する指導

▼ 事 例

　ある公立高校では、毎朝登校指導を行っている。先日、生徒が制服に手を加えて、異装で登校してきた。生徒指導担当の教員がその生徒の登校を止めて「制服でなければ登校してはいけない。服装を改めるまで校内には入れない」と言って、生徒を追い返した。生徒は今までも度々問題を起こしている。生徒部の教員たちは話し合って「この際、徹底的に指導をしよう」と決めた。そこで、服装を改めさせて、保護者から「二度と問題を起こしません」と言う念書を取ることにした。校則をきちんと守らせることによって、校内の秩序が維持できるのだから、当然の措置である。

▽ 背景

　校則は、各学校で生徒の実態に即して制定されています。文部省（当時）や教育委員会の指導があって、1980年代に全国の中学・高校で校則の見直しが行われました。その結果、細かすぎる校則の廃止、現状に合わない校則の廃止や改訂がなされました。
　現在では、校則の問題はほぼ解決されました。しかし、いつの時代にも校則に違反する生徒がいます。
　校則は、生徒が学校生活を送る上で必要なルールと言えます。したがって、学校生活を送る上で必要最小限のルールとして制定されています。内容としては、①他人の利益を侵害する行為を禁止するルール、②施設の管理運営上必要なルール、③服装や頭髪に関わる生活上のルールです。事例は③の生活上のルールに関するものです。必要以上に細かいルールなら改善の余地がありますが、異装ということですから、きちんと指導すべきです。一つ許せば、他の生徒はそれを見ていますから、異装が蔓延する恐れもあります。気づいたときにしっかり指導をすることが重要です。

法的アドバイス

●服装の自由

どのような服装にするかは個人の美的なセンスによるものであり「幸福追求の権利」（憲法13条）、「表現の自由」（憲法21条）により原則として保障されます。

ニューヨーク州の規則が参考になります。

「その服装が明らかに危険なものであったり、あるいは学習・教育課程の妨げになるほどの不適切なものである場合以外は、生徒には自分自身の服装を決定する権利がある」

【東京高等裁判所・平成元年7月19日判決─千葉県の公立中学校】判決は、校則は教育の努力目標としています（校則生活指導基準説）。

●校則は努力目標

「校長の定めた生徒心得における制服の指定は、生徒の教育上遵守することが望ましい項目について生活指導ないしは学習指導のための教育活動の一環として、いわばその努力目標を提示する趣旨」

●父母や生徒の意見を取り入れることが大事

「その具体的な運用に当たっても、父母や生徒の意見をも十分に取り入れるよう配慮」

●指導が大切

「仮に制服を着用しない生徒があっても、これを着用することが望ましい旨指導する」

●規制的、強制的、拘束的色彩はダメ

「この中学校の校則の運用の実態をみても規制的、強制的、拘束的色彩の薄いものである」

【最高裁判所・平成8年2月22日判決─兵庫県の公立中学校】最高裁判所も校則を非強制的な指導助言規定であるとしています。

「これらの定めは、生徒の守るべき一般的な心得を示すにとどまり、それ以上に、個々の生徒に対する具体的な権利義務を形成するなどの法的効果を生ずるものではない」

●校内に入れないことは許されない

異装の生徒を校内に入れないことは、「校則に規制的、強制的、拘束的」な力を持たせることになるので許されません。校内に入れないことは、実質的には停学処分に当たり、学校教育法施行規則第26条の「校長及び教員が児童等に懲戒を加えるに当つては、児童等の心身の発達に応ずる等教育上必要な配慮をしなければならない」との定めからも問題です。

校則違反即処罰ではなく教育的援助こそが大切だと思われます。

アドバイスを受けて

現場の教師としては複雑な心境です。「校則は教育の努力目標」「生徒が守るべき一般的な心得」「具体的な権利義務を形成するなどの法的効果を生ずるものではない」と言われても釈然としません。なぜなら、校則は生徒が学校生活を送る上で必ず守るべきルールであると思っているからです。

制服には、同じ集団に所属している仲間という意味と、共に活動し共に学ぶ仲間としての所属欲求を満たす機能があります。その一方で、制服を変形させたり、他校のネクタイやリボンをつけたり、「異装」する生徒がいます。制服を学校生活を送る際の正装ととらえて、きちんと着用させるべきです。

しかし、判例から校則に対する認識を変える必要性と指導法に改善点があることがわかりました。今後は校内に入れないようなことはせず、放課後等を利用し制服の持つ意味と正しい着用についての指導を行うとよいでしょう。さらに、校則とその運用について校内で研修会を開くなどして、教員同士の共通理解を図る必要があるのではないでしょうか。

03 校則制定権の法的根拠は何か

事例

　先日、中学校の入学準備説明会で、「女子は丸い襟のワイシャツを着用すること」の規定（校則）に対して、生徒および保護者から疑問の声が上がった。今時、ワイシャツの襟の形を校則で決めている中学はないと主張している。さらに、ほかにも細かい規定があるが、全て削除するか、大幅な見直しをするべきだと言う。加えて、「学校が一方的に校則を制定するのはおかしい。校則の制定権が学校にあるという法的根拠を示せ」と言ってきた。

背景

　本校は地方都市の公立中学校です。のんびりと育ってきた生徒が多く、平穏な毎日を過ごしています。20年ほど前に校則の大幅な見直しを行いました。そのとき、「男子生徒の頭髪は坊主とする」「女子の髪は、肩よりも長くなった場合は、三つ編みにすること」といった校則は「中学生にふさわしい髪形にすること」と変更しました。また、「白いソックスでなければならない」という校則は「ソックスは白を標準とする」というように幅を広げる改定をしました。しかし、ワイシャツの襟について、「女子は丸い襟」との校則は残してあります。この点について、生徒および保護者から疑問の声が上がりました。
　学校は生徒が学校生活を送る上で必要な校則を定めて、生徒に校則を守ることを求めます。これは、学校として当然なことだと思います。校則を制定する権限は学校にあると理解していますが、間違いでしょうか。生徒や保護者に説明するためにも、校則の制定権について、詳しく教えてください。

法的アドバイス

校則制定権の法的根拠については、丸刈り校則裁判やバイク禁止校則裁判などで争われました。

●神戸地裁・学校規則違法確認事件・平成6年4月27日判決

この事件は中学校の学校規則において、男子生徒の丸刈りと学校外での私服の禁止を制定している行為が違憲であるとして争われました。神戸地裁判決は「学校は、国・公・私立を問わず、生徒の教育を目的とする教育施設であって、その設置目的を達成するために必要な事項については、法令に格別の規定がない場合でも校則等によりこれを規定し実施することのできる自律的、包括的な権能を有す。」として、学校の校則制定行為は裁判で争う対象にはならないとしました。

●最高裁判所第1小法廷判決・学校規則違法確認等請求事件・平成8年2月22日判決

この事件は最高裁判所まで争われました。

最高裁判所第1小法廷は「本件の『中学校生徒心得』は、『次にかかげる心得は、大切にして守ろう。』などの前文に続けて諸規定を掲げているものであり、その中に、「男子の制服は、次のとおりとする。(別図参照)」とした上で、別図において『頭髪・丸刈りとする。』とする定めや、校外生活に関して、『外出のときは、制服又は体操服を着用し(公共施設又は大型店舗等を除く校区内は私服でもよい。)、行き先・目的・時間等を保護者に告げてから外出し、帰宅したら保護者に報告する。』との定めが置かれているが、これに違反した場合の処分等の定めは置かれていないというのである。」との事実関係の下において、「これらの定めは、生徒の守るべき一般的な心得を示すにとどまり、それ以上に、個々の生徒に対する具体的な権利義務を形成するなどの法的効果を生ずるものではないとした原審(大阪高等裁判所)の判断は首肯できる」としました。

●生徒の守るべき一般的な心得

最高裁判決は、学校の校則制定権は認めていますが、校則は「生徒の一般的な心得」を示すにとどまるとしています。校則違反に対する機械的な懲戒処分や不利益処分は許されません。

アドバイスを受けて

学校は集団生活を送る場ですから、それを律するための校則が必要です。校則の制定権が学校にあることがわかり、指導する側としては安心したのではないでしょうか。

校則を「集団生活に必要な最小限のきまり」ととらえてはいかがでしょうか。第一は、他人の利益を侵害する行為を禁止するきまり。第二は、体育館や図書館などの施設の管理運営上必要なきまり。第三は、服装や頭髪、校内生活に関するきまり。校内生活に関するきまりが細かすぎる場合には「最小限のきまり」と言えないので改善すべきです。事例の「女子は丸い襟」というきまりが細かすぎるというなら、生徒の意見も聞きながら検討します。校則の改定作業に生徒を加えることを危惧する先生も多いでしょうが、教員と生徒が一緒に話し合いながら改定作業をすれば、生徒は意外と無理を言わず、妥当な線で一致できるものです。生徒を納得させることも生徒指導の一環ととらえ、とことん話し合ってはいかがでしょうか。

04 校則に規定のない懲戒はできないのか

事例

　新学期になると、毎年異装や茶髪にする生徒への指導に追われる。今年度も新学期早々、男子2名がネクタイを外し、髪を染めて登校してきた。生徒指導部の教員が複数で取り囲み、「ネクタイ着用、頭髪改善」を迫った。一旦、2名の生徒は帰宅させて、改善するまで登校を禁止した。すると保護者から「授業を受けさせないのは、学習権の侵害だ」と苦情が寄せられた。そこで、異装・茶髪で登校した生徒を別室で指導することにした。それでも改善が見られないため、「指導3回で停学処分にする」と通告したところ、保護者から「校則に規定のない懲戒をするのか」と苦情を受けた。

背景

　本校（公立高校）の生徒は、勉強は苦手ですが、高校卒業の資格だけは欲しいと思っている者が多くいます。
　校則では、制服を変形すること、頭髪に手を加えることを禁止しています。今年度は異装や茶髪が特に目立ちます。生徒指導部会で相談した結果、異装や茶髪で登校した生徒は、別室に連れて行き、服装・頭髪指導を行う。改善されない場合は、3回警告したあと、停学処分にすることを決めました。
　2名の生徒が、ネクタイを着用せず、頭髪を茶色に染めて登校してきました。前回は、改善するまで登校を禁止したところ、保護者から「学習権の侵害だ」と言われたので、その後は別室に連れて行き、指導を繰り返しました。しかし、3回警告しても改善が見られないため、停学処分を通告しました。すると保護者から「校則に規定がないのに、処分するのはおかしい」と苦情の電話がきたのです。校則には、処分についての規定はありませんが、服装や頭髪に関する規定はあります。保護者にどう説明したら良いでしょうか。

法的アドバイス

●生徒指導の定義

　生徒指導とは、学校教育の中で児童生徒などの日常生活について、指導・助言を行うことによって、その人格形成を助ける活動のことです。

●校則の法的な効力

　最高裁判所第１小法廷判決・学校規則違法確認等請求事件・平成８年２月22日判決は「生徒の守るべき一般的な心得を示すにとどまり、それ以上に、個々の生徒に対する具体的な権利義務を形成するなどの法的効果を生ずるものではない」としました。

　校則は「生徒の一般的な心得」を示すにとどまるとしています。校則違反に対する機械的な懲戒処分や不利益処分は許されません。

●指導死の問題

　児童や生徒が教員の指導を契機として自殺に至ったとされる事例は、昭和27年ごろから平成24年ごろまでの間に約60件（平成元年以降は約40件、平成10年以降は約30件）に上っており、平成19年ごろ以降、いわゆる「指導死」と呼ばれ、教育関係者やメディア等によって社会問題として取り上げられています。

　文部科学省は、平成21年３月に生徒や児童の自殺の危険因子の周知と防止を目的として「教師が知っておきたい子どもの自殺予防」と題するリーフレットを教員に配布し、平成22年３月には「生徒指導提要」を全国の高校、中学校および小学校に配布しています。生徒や児童に対する身体的虐待のみならず心理的虐待として「著しい虐待又は著しく拒絶的な対応など生徒や児童に著しく心理的外傷を与える言動を行うこと」が自殺の危険を高めることを指摘しています。

●人権を守った生徒指導

　校則は「生徒の一般的な心得」ですので、校則に規定のない懲戒処分はできます。

　しかし、事例の「改善するまで登校を禁止」や「異装・茶髪で登校した生徒を別室指導」、「『指導３回で停学処分にする』と通告」のような機械的な懲戒処分は、「生徒や児童に著しく心理的外傷を与える言動」になる危険性があります。

アドバイスを受けて

　服装や頭髪に違反があれば、当然指導をします。しかし、「３回警告しても改善しないと停学」というのは、あまりにも短絡的です。教育の目的は「生徒の人格の形成」ですから、教育の本質にかかわる生徒指導は、単純に懲戒処分を行えば良いわけではありません。

　教員が複数で取り囲んで改善を迫ったり、３回警告しても改善しない場合は停学処分にするというのは、威嚇・脅しともとられてしまい、真の生徒指導とは言えません。

　事例の場合、校則を守ることの必要性や重要性について十分に説明します。学校という生徒が集団生活を行う中で、互いに協力しながら毎日を過ごすことの意義や同じ高校に在籍して、母校の伝統や文化の形成にかかわることの責任を考えさせることが重要です。じっくりと時間をかけて、生徒を納得させながら必要な生徒指導を行うべきです。

　生徒指導に携わる先生方のご苦労はわかります。しかし、生徒の人権に配慮するなら懲戒処分をするのではなく、時間がかかっても生徒に理解、納得させる指導が重要です。

05 頭髪指導と子どもの人権

事 例

　荒れた公立高校だった本校が、厳しい指導によって生まれ変わることに成功したのは、いまから10年前のことであった。
　校長が教育委員会に相談して、厳しい生徒指導ができる教員を集めた。そして、校長は、荒れた学校を立て直すためには、まず形から直すことが重要と考えて、服装指導と頭髪指導を重点的に行うことにした。制服を変形させた生徒がいれば、すぐに保護者を呼び出して改善を約束させた。難しいのは頭髪指導だった。地毛なのか、手を加えたものかを明確にするために「地毛証明書」をつくり、保護者が署名・捺印して提出するようにした。不明確な者には「幼少期の写真」も一緒に提出させた。効果は抜群だった。
　その後、一貫して、服装と頭髪の指導を続けている。

背景

　10年前は、制服を変形させ、頭髪を茶色に染める生徒が大量にいたため、校長と生徒指導主任が「厳しい指導を行い、学校を立て直す」と宣言して、服装と頭髪の指導に重点を置いて改善を目指しました。当初は反発もありましたが、丁寧に説明して、生徒および保護者の承諾も得て、学校は落ち着きを取り戻しました。このとき、頭髪指導として「地毛証明書」と「幼少期の写真」を提出させたのです。生徒の頭髪が手を加えたものかどうか一目瞭然ですから、指導効果は抜群に上がりました。生徒は制服を着崩すことも、頭髪を染めることもなくなりました。そうなると、勉強に力を注ぐ生徒も増えて進学率が向上し、周囲の中学校からの評価も高くなり、学校は生まれ変わったように落ち着いて、評判の良い高校になりました。本校の生徒指導体制は、生徒および保護者から支持されていますので、厳しい姿勢を貫いています。
　しかし、最近、頭髪指導に関するニュースが報道され、時代の流れに合わせた指導のやり方について考えるようになりました。

法的アドバイス

●髪形の自由は人権

　髪は身体の一部で髪形は美的センスと切り離せないものですので、髪形の自由は憲法13条の「幸福追求の権利」として保障される人権です。パーマ禁止校則裁判・東京高等裁判所・平成４年10月30日判決は、「髪形決定の自由が個人の人格価値に直結することは明らかであり、個人が頭髪について髪形を自由に決定しうる権利は、個人が一定の重要な私的事柄について、公権力から干渉されることなく自ら決定することができる権利の一内容として憲法13条により保障されていると解される。」と明言しました。

　生徒指導においては、髪形の自由は生徒の人権であるとの原則を基本に置かなければなりません。

●教員による染髪行為は許される

　大阪地方裁判所・平成23年３月28日判決は、中学校での教員による染髪行為を許されるとしました。判決の事実認定では、この生徒は地毛の茶色とは異なり、脱色や染色等の外部的要因によりオレンジがかった明るい茶色に変化させたものでした。この中学校においては、教師への暴言および暴力、下級生への恐喝行為、生徒間暴力、器物損壊、窃盗、無免許運転、飲酒、喫煙といった問題行動が目立つ中で、生徒の中には、頭髪を脱色・染色したりする者が何人もいました。教員らは、継続して頭髪指導を口頭で行っていましたが、指導に従わない生徒には、教員が中学校内で染髪行為を行うこともありました。この染髪行為は、生徒の任意の承諾のもとで実施されました。判決は、こうした事実のもとでは「染髪行為の趣旨・目的は、生徒指導の観点から見てもとより正当なものである。」として「その方法・態様や、継続時間を見ても、社会的に相当と認められる範囲内のものであったというべきである。」としました。

●頭髪指導は人権を尊重して

　大阪地裁判決を参考に考えると、「地毛証明書」や「幼少期の写真」を提出させるなどの頭髪指導がすぐに違法となるわけではありません。しかし、頭髪指導は「方法・態様」が「社会的に相当と認められる範囲内」でなければなりませんし、何よりも生徒の「任意の承諾」をもとに行うことが大事です。

アドバイスを受けて　校則は、生徒が学校生活を送る上で必要なルールとして社会的に承認されており、多くの学校で「染髪やパーマなどを禁止する」校則が制定されています。

　地裁判決によれば、「地毛証明書」や「幼少期の写真」の提出がすぐに違法にはならないとありましたが、これらは染髪やパーマの疑いを晴らすためではなく、人権尊重に則り公平な指導を行うためのツールとして使用するという認識をもたなければいけません。

　服装・頭髪指導は、成果が保護者や地域住民にもわかりやすく、それ自体が目的になりやすいものです。保護者の支持があれば、なおさら「生徒指導＝服装・頭髪指導」に力が入ってしまう気持ちもよくわかります。

　しかし、本来の生徒指導とは、生徒が社会生活を送る上で必要な遵法精神の涵養を目指すことにあります。

　社会・家庭・子どもの状況が大きく変化し、多様性を認めることが叫ばれているいま、生徒指導の在り方について考える必要があるのではないでしょうか。

06 所持品検査を行うことの是非

事例

担任が朝学活の時、一番後ろの席の生徒が鞄と一緒に小さな布袋を持っていることに気づいた。席まで行って「この袋には何が入っているんだ」といって袋の中を見ると、ゲーム機が1台入っていた。「授業に関係のない物の持ち込みは禁止されている。特にゲーム機は絶対許されない」といって取り上げた。他の生徒たちを見ると、不安な様子であった。そこで「これから持ち物検査をする」と言って、全員の持ち物を点検した。すると、禁止されている音楽プレーヤー、トランプ、お菓子等が出てきた。担任は生徒指導部に連絡して、校内一斉所持品検査の実施を求めた。

背景

学校は学習の場ですから、学習に不要な物の持ち込みは通常禁止しています。学習に不要な物を持ち込むと、それに気を取られて、学習活動に真剣に取り組むことが困難になるからです。このことは普通、校則や生徒心得に記載されています。

特に「ゲーム機」等は、力の強い者が力の弱い者に対して持ってくることを強要したり、持ってきたゲーム機を取り上げてしまうことがよく起こります。そういった事態を招かないためにも、校則で「学習に不要な物の校内への持ち込みを禁止」にするのです。

事例では、担任教師が他の生徒にも気を配り、学習に不要な物を発見しています。クラス全体の問題ととらえて対処しました。

また、学校は組織で動いていますから、すぐに生徒指導部と連絡を取って、今後の指導方針の決定に向けて相談をしました。今後は、生徒指導部を中心に、管理職とも相談しながら、校内一斉所持品検査の実施に向けて計画することになりました。

法的アドバイス

　携帯ゲーム機、煙草など「授業に関係ない物」の持ち込みを禁止し、一斉所持品検査によってチェックする学校は多いと思います。

●持ち物検査を受けない権利は大事な権利

憲法35条「何人も、……所持品について、……捜索及び押収を受けることの権利は、……正当な理由に基づいて発せられ、且つ捜索する場所及び押収する物を明示する令状がなければ、侵されない」

　憲法は裁判所の令状がなければ所持品の検査ができないと決めています（令状主義）。市民のプライバシーを守るためです。学校でも生徒の同意がないのに、生徒の持っているものを探したり、取り上げたりすることは原則としてできません。

●米連邦最高裁判所の判例（1985年）

　学校内の生徒は持ち物に対して不合理な捜索を受けないように、憲法で保護されるとしました。「生徒が法もしくは学校の校則に違反したか、または現在違反しているという証拠がその捜索で見つかるであろうと信じるにたる合理的理由がある場合には、教職員は生徒を捜索できる。そこでとられる手段が、捜索で見つけられようとしている目的物と合理的な関連性を有するものであり、かつ生徒の年齢と性別および違反行為の性質にてらして侵害性が過度にわたらない場合において、その範囲においてそのような捜索は許される」としています。

●どのような持ち物を禁止できるか

　煙草や酒類は未成年者には有害であるとして法律で禁じられていますから、禁じてもよいですし、ライターもそれに付随する物として同様に考えられます。ナイフなど明らかに危険なものは例外的に持ち物検査をして、ナイフを一時的に預かることができる場合もあると考えられます（緊急避難）。

●持ち物検査がきっかけの体罰死亡事件

　高校教師が修学旅行で男子生徒に体罰を加え死亡させるという不幸な事件がありました。所持品検査でヘアーアイロンを発見したことがきっかけでした。水戸地裁土浦支部1986年3月18日判決は次の指摘をしています。

「たとえ校則違反があったとしても、相応の説諭、指導をもつてこれに臨むべきであつた」

　つまり、禁止する理由を生徒と一緒に議論することが大切です。

アドバイスを受けて

　法的アドバイスを受けて、持ち物検査の実施が難しいと感じました。われわれ教師は警察ではありませんから「捜査」とか「調査」といっても、法律に則って行うわけではありません。むしろ生徒のために、教育活動の一環として、学習に不要な物の校内への持ち込みを禁止していることを教えようとしているのです。ですから「令状主義」と言われても、学校では対応しきれません。

　学校は社会に出るための訓練機関です。学校では社会と同様に、生徒の人権を尊重し、生徒の意見を聞く姿勢を持つ必要があります。したがって、学校は生徒のプライバシーを保護する姿勢を持ってさまざまな問題の解決に当たる必要があります。学校でも社会と同様に、生徒の同意を得た上で、生徒の持ち物を探したり、預かったりすべきです。また、禁止する理由を生徒と一緒に議論することも、重要な教育活動だと再認識しました。

　教師は校則で禁止するだけでなく、禁止する理由の説明をして、生徒が納得した上で指導を行うことが重要であると痛感しました。

07 ゼロ・トレランス方式の生徒指導

事例

　本校は、荒れた高校として有名だった。しかし、異動してきた生徒指導を得意とする教員が「ゼロ・トレランス方式の生徒指導に切り替えれば学校は落ち着く」と提案して、具体的に取り組んだ結果、2年間で問題行動の件数は8割減少した。

　ところが、最近、無断早退しただけで退学させられた生徒が出た。すると、その保護者から「この程度で退学はおかしい。撤回しなければ訴える」と言われた。また、教員の中からも「ゼロ・トレランス方式の指導は間違っているのではないか」との声が上がった。

背景

　本校では、ゼロ・トレランス方式の生徒指導について研究し、問題行動を点数化して、合計点数が10点になった生徒は進路変更（退学）させるシステムをつくりました。例えば、暴力行為は10点、けんかは5点、喫煙は3点、無断欠席と無断早退は1点です。暴力行為を行った生徒は1回で退学になります。

　その結果、それまで年間100件以上起きていた問題行動が、翌年には30件に、昨年は20件にまで減少し、とても効果がある指導方法であることが証明されました。

　ところが先月、無断欠席・けんか・喫煙を行い、9点だった生徒が無断早退し、累積が10点になったため退学させました。そのことで保護者が訴えると言ってきたのです。

　教員の中から「無断早退しただけで退学させることは変だ」との声が上がる一方、「無断早退の前に、問題行動を繰り返していたのだから当然だ」との意見も出ています。

　荒れた高校が落ち着きを取り戻すために良いと思って取り入れたシステムでしたが、別の問題が発生しました。

法的アドバイス

●「寛容度ゼロ」と「割れ窓理論」

「ゼロ・トレランス方式」は直訳すれば「寛容度ゼロ」です。軽微な違反行為を放置すれば、より重大な違反行為に発展するという、犯罪を防止する刑事政策の考え方の「割れ窓理論」に基づいています。

『割れ窓理論による犯罪防止―コミュニティの安全をどう確保するか』[※]は、ニューヨーク市の犯罪防止の経験に基づいて書かれたもので、著者は「『割れた窓ガラス』が放置されているような地域では、縄張意識が感じられないので、犯罪者といえども警戒心を抱くことなく気軽に立ち入ることができ、さらに、当事者意識も感じられないので、犯罪者は『犯罪を実行しても見つからないだろう』『見つかっても通報されないだろう』『犯行は制止されないだろう』と思い、安心して犯罪に着手するのである。」として、地域における秩序違反行為への厳しい対応を主張します。

※G・L・ケリング、C・M・コールズ（著）、小宮信夫（監訳）文化書房博文社　2004

●学校現場に導入

アメリカではクリントン政権以来、学校現場にも導入されて、学校規律の違反行為に対するペナルティーの適用を基準化し、これを厳格に適用することで学校規律の維持を図ろうとしています。わが国でも文部科学省が、「新・児童生徒の問題行動対策重点プログラム」（新プログラム）を2005年9月27日に公表し、学校の生徒指導の組織体制を整備する中で、「『ゼロ・トレランス（毅然とした対応）方式』のような生徒指導の取組みを調査・研究する」という施策を提示しています。

●子どもの権利の観点から問題

学校での懲戒について、学校教育法施行規則26条は「校長及び教員が児童等に懲戒を加えるに当つては、児童等の心身の発達に応ずる等教育上必要な配慮をしなければならない。」として、子どもの権利の観点から、個々の児童・生徒の「心身の発達」に応じて「教育上の必要な配慮」を求めています。機械的な生徒指導は管理主義教育にもつながるため、子どもの権利の観点から問題と言えます。

過去の裁判でも「退学は慎重に行うべきである」と判示したものが複数あります。

アドバイスを受けて

法的助言では、機械的に行う生徒指導に問題があると指摘しています。ゼロ・トレランスという概念は、もともと商品管理の現場で導入された方式で、不良品は排除するという考えです。それを生徒指導の場面に用いるわけですから、慎重に扱うべきです。

文科省が「ゼロ・トレランス方式の生徒指導法」を紹介し、全国のいくつかの学校で取り入れました。しかし、すぐに下火になりました。その理由は、一律に容赦ない指導が、生徒指導の方法にそぐわないと感じたからです。生きた生徒に接する限り、改善の可能性を無視するような指導方法は、真の生徒指導でないと感じたからではないでしょうか。

事例の高校では、問題行動の件数だけで見ると、指導効果は上がったと言えます。一方、点数が累積すると最後に退学に追い込まれます。そこには、教育的配慮を活かす余地がありません。ルールは決めた以上守らなければなりませんが、問題行動を行った理由・動機を考慮するなど、柔軟に対応できるようなシステムをつくることが重要です。

08 指導の後に、生徒が自殺した（指導死）

事例

　物理の定期考査で、試験監督をしていたM教諭は、机間巡視中にA男の机の中に紙切れがあるのを発見した。後ろから近づき取り上げてみると、昨日の試験科目の日本史に関する事項が書いてあった。すぐに「カンニングペーパー」と思い、試験終了を待って、A男を職員室に連れていった。

　生徒指導部に連絡すると、数名の教員がやってきて、A男を生徒相談室に連れていき、事実調査を開始した。約3時間かけて調べたが、結局、カンニングの事実は明確にはわからなかった。A男には、明日、保護者と一緒に登校するように伝えて、帰宅させた。

　A男は帰り道、自宅近くのマンションの屋上から飛び降りて、死亡した。

背景

　A男は、理系コースの高校2年生です。日本史が苦手で、いつも試験勉強で苦労していました。

　試験中に、A男の机の中に日本史に関する事柄を書いた紙切れが入っていたのですから、監督の教員がカンニングペーパーと思うのも、当然の状況です。

　生徒相談室で、複数の教員が同席して、本人から事情を聴きました。A男は「前日の日本史の試験ができなかったので、休み時間に試験問題を思い出して答えを書いていました。物理の試験が始まるので、記入した紙を机の中に入れました」と言うのです。日本史の教員に確認すると、試験範囲と一致しているが、A男の答案は、紙切れに書かれていたことは未記入であったそうです。

　すると、Aが言うように、カンニングをしたわけではないようです。

　生徒指導部会では、校長の厳重注意という指導案を作り、放課後の臨時職員会議で了承されました。その矢先に、警察から生徒が飛び降り自殺をしたとの連絡がありました。

法的アドバイス

● さいたま地裁・平成20年7月30日判決

　事案は、県立高等学校の3年生が中間考査中の行為について、同校の教諭らから事情を聴かれた後に自殺をしました。判決は生徒の死を自殺と認めましたが、学校の行った事情聴取に合理的範囲を逸脱した違法な点はなく、自殺との因果関係は認めませんでした。

　判決は生徒指導における教師の安全配慮義務について、「特に生徒指導を行うに際しては、教師・生徒という権力的関係が生徒にとって大きな精神的・心理的負荷につながりやすいこと、思春期の生徒が精神的不安に陥りやすいことから、当該生徒の年齢・性格等を考慮した上で、教育目的の観点から、当該生徒に過度の肉体的・精神的負担を負わせるにいたった場合には、これを除去するなどの教育的配慮を行う義務がある。」としました。

● 教育的安全配慮義務違反を問われるのは、どのようなときか

　判決は、「生徒に対する指導は、生徒の権利侵害を伴うことも少なくはないから、教育的効果と生徒の被るべき権利侵害の程度とを比較衡量し、生徒の性格、行動、心身の発達状況、不正行為の内容、程度等諸般の事情を考慮し、それによる教育的効果を期待しうる合理的な範囲のものと認められる限りにおいて正当な指導の一環として許容されるべきであり、その範囲を超えた場合には、指導としての範囲を超えた違法なものとなり、教師が生徒に対して負う安全配慮義務に違反するというべきである。」としていましたが、特に「教師と生徒の間には、その立場の違いから潜在的に権力的関係が存在し、また、一般的に高校生が思春期の多感な時期にある」としたことは重要です。

● 判決の事実認定と事例の違い

　判決は「カンニング行為を行ったか、少なくともその疑いが極めて濃厚と認めざるを得ない」との事実認定をしています。ところが本事例では「Aが言うように、カンニングをしたわけではないようです」とのことです。A男はカンニングという非違行為を行っていないのですから、今回の事実確認は生徒に対する指導の一環としては合理的範囲を逸脱した違法なもので、安全配慮義務違反となる可能性があります。

アドバイスを受けて

　学校は、定期考査の前に不正行為をしないこと、万一、不正行為をすれば、考査期間中の全ての科目を零点とするといった注意を与えます。それでも、2～3年に一度程度、カンニングペーパーを作ったり、消しゴムに文字を書いたりする不正行為が発覚します。

　試験でカンニングの疑いがあれば、生徒を別室に呼んで事実確認を行い、生徒の言い分に疑問があれば追及します。

　カンニングの疑いがあったことは、翌日本人および保護者に伝える予定でしたが、生徒の自殺にまでは思いが至りませんでした。A男はカンニングを疑われ、落胆し自殺へと駆り立てられたものと考えられます。結果的にA男が自殺したのですから、複数の教員が長時間にわたって事実確認をしたことに問題があったと言われても仕方がありません。

　事例の場合、帰宅させる際に「カンニングの事実は認められなかった」と一言伝えておけば、A男は自殺しなかったのではないでしょうか。多感な時期にある高校生の心情に、細心の配慮を施すことが必要でした。

09 教師が、校外で生徒の喫煙を見つけた

事例

　M先生は、研修センターへ出張に行く際に、駅近くで勤務校の生徒3名がたむろしていて、うち1名が喫煙しているところを目撃した。すぐに近づき「A男、吸っているたばこを捨てなさい。BとCも喫煙の同席者だ。明日、8時までに職員室に来なさい」と言って別れた。M先生は研修センターに急いで向かう途中で、学校に生徒の喫煙を目撃したことと、明日8時までにその生徒らが職員室に登校することを伝えた。

　駅は学校から徒歩約15分のところにあって、12時半ごろにこの付近に教員がいることはない。そのため、生徒は見つからないだろうと思って喫煙していたのだ。

背景

　無断早退して駅付近で喫煙していた生徒を、出張に行くM先生が目撃しました。翌朝、別々の部屋で事実確認したところ、3人とも喫煙および喫煙の同席を認めました。放課後、臨時職員会議を開き、事実の概要を伝え、特別指導を行うことを提案しました。すると、今年異動してきた教員が「校外での喫煙も指導の対象にするのですか？ 校外での行動は自己責任です。我々教員は、何から何まで首を突っ込まないといけないのですか？ 前任校では、正門を一歩でも出た生徒の行動に対して基本的には問題視しなかった」と発言しました。これを聞いた何人かの教員は「そう思う。何でも教員が引き受ける必要はない。校内の問題だけでもたくさんあって大変だ。学校から一歩出たら、我々の指導の対象外だ」と言うのです。

　気持ちはわかりますが、自校の生徒の問題行動を見逃すことはできません。そんなことをしたら、生徒は正門を出るとすぐに喫煙するようになるでしょう。どう考えればいいでしょうか。

法的アドバイス

●校外の活動を規律できる（東京地方裁判所・平成3年5月27日判決）

この判決は「学校は、在学関係を成立させる目的が生徒に教育を施すことであることからすると、学校設置者は、右目的に関連する限りでは生徒の校外での活動についても規律することができると解される」としました。教師は生徒の校外の行為についても、「学校設置の目的の達成」のためならば生徒指導を行うことは許され、行うべきです。

●未成年者の喫煙の有害性

厚生労働省は未成年者の喫煙について、「青少年期に喫煙を開始すると、成人後に喫煙を開始した場合に比べて、がんや虚血性心疾患などの危険性がより高くなります。肺がんでは、20歳未満で喫煙を開始した場合の死亡率は、非喫煙者に比べて5・5倍となっています。また、『平成10年度喫煙と健康問題に関する実態調査』（厚生労働省）によれば、吸い始める年齢が若いほどニコチンへの依存度が高い人が多くなるという報告が出ています」としています（厚労省ホームページ）。

●未成年者喫煙禁止法

「満二十年ニ至ラサル者ハ煙草ヲ喫スルコトヲ得ス」（第1条）として喫煙を禁止しています。教師は、健康と法的な点を考慮して生徒指導をすべきです。

●指導は生徒の人権に配慮

長崎地方裁判所・平成20年6月30日判決は、①市立中学の学級担任の教諭の喫煙指導と中学生の自殺との間には事実的因果関係があると優に認められる、②喫煙指導に不適切な面が認められる、としました。

●懲戒処分は慎重に

宇都宮地方裁判所・平成28年3月24日判決は、私立高校が、生徒が喫煙行為・警察への虚偽通報行為などを行ったとして退学処分にしたことについて、この学園の生徒処分規定上、本件非違行為は退学処分に相当する違法性を有せず、裁量を逸脱濫用する違法な処分としました。

●まとめ

生徒の校外での喫煙に対して教員は生徒指導をすべきですが、方法と懲戒は生徒の人権に十分に配慮することが必要です。

---

2 懲戒・体罰と子どもの人権

アドバイスを受けて

生徒（未成年者）の喫煙は、①法律に違反している、②喫煙が生徒の健康を阻害する、などの理由から生徒指導の対象になります。

事例では、喫煙を発見したのが校外であった点が問題視されました。

判例によると、校外の活動でも、生徒を規律できる権限を教師はもっています。そのため、教師は校内校外を問わず、問題行動を発見した際には、当然指導を行わなければならないと言えます。

さらに、未成年者喫煙禁止法第3条第2項は「親権ヲ行フ者ニ代リテ未成年者ヲ監督スル者亦前項ニ依リテ処断ス」と規定しています。「監督する者」とは、学校では教員を指し、教員が未成年の生徒が喫煙しているのを見かけた場合、制止しないと科料（刑罰の一種で、罰金よりも軽い財産刑）に処せられます。教員は生徒の喫煙を制止するなど、生徒指導をする義務を負っているのです。

未成年者喫煙禁止法では、喫煙をした未成年者を処罰する規定はありません。しかし、喫煙は不良行為とされ、少年警察活動規則に基づき、警察の補導の対象になります。

10 服装・頭髪違反の生徒を別室受験させた

事例

　服装違反や頭髪を染めるなどした生徒に、繰り返し改善するよう求めたが直さなかったため、「このままでは中間考査は受けさせない」と通告した。すると、保護者から「試験を受けさせないのは学習権の侵害だ。教育委員会に訴える」との電話が学校にあった。

　生徒指導主任と教頭・校長が相談した結果、試験を受けさせないことは問題であると考えて、別室で受験させることにした。

　しかし、教員の多くからは、校則違反をしている生徒に第一に行うことは違反を正させることであって、改善しない生徒に試験を受ける資格はないという意見が上がった。

背景

　本校は、生徒指導困難校と言われている普通科高校です。今回、太いズボンを着用してきた男子生徒1名とスカートの丈を短く切ってしまった女子生徒1名が、異装という理由で指導を受けました。このほか、頭髪を茶色に染めてきたため直すよう指導しましたが、いっこうに直してこない男子生徒1名がおり、この合計3名の2年生に、校則違反により中間考査を受けさせないと通告しました。ところが、保護者の一人が学校に電話で「学習権の侵害だ。教育委員会に訴える」と言ってきたのです。そのため、管理職は、3名に教室でなく会議室で受験させるよう命じましたが、多くの教員は納得していません。「異装や染髪を許せば、同じようなことをする生徒が出てくる可能性がある。校則違反には厳しく対処するべきだ。中間考査を受けられなくてもいいから異装や頭髪違反を続けるというのは、生徒の考えだからやむを得ない。学校を辞めるつもりなのだろう」というのです。

　担任としては進級・卒業させたいのですが、どう解決を図ったら良いでしょうか。

法的アドバイス

●停学と謹慎

　停学と謹慎はよく似た言葉ですが、法的には意味は異なります。停学は法的な効果を伴う懲戒処分であり、学校教育法を受けて学校教育法施行規則第26条２項は「懲戒のうち、退学、停学及び訓告の処分は、校長が行う。」としています。停学は指導要録に記載されます。これに対して、謹慎は法的な効果を伴わない事実上の措置であり、指導要録に記載されません。事例の「中間考査を受けさせない」と通告することや別室受験は、事実上の措置である謹慎（学内謹慎）です。

●学校の事実上の措置について

　学校が行った措置については、東京地方裁判所・平成28年７月11日判決が参考になります。この裁判は校長の進路変更勧奨が争点になりました。判決は「進路変更勧奨は、学校の内部規律を維持し、教育目的を達成するための自律作用として行われるもので、それ自体として法的効果を持たない事実上の措置にすぎず、これを行うか否かについては、校長及び教諭の専門的、教育的な判断に委ねられるべきものと解されるが、進路変更勧奨についての学校当局の判断が社会通念上不合理であり、裁量権の範囲を超えていると認められる場合、あるいは、その勧奨が生徒の意思決定の自由を侵害するような不相当な方法で行われた場合には、違法となると解するのが相当である。」としました。この考えは、謹慎（学内謹慎）にも当てはまります。ですので、謹慎（学内謹慎）を行うかどうかは、校長および教諭の専門的、教育的な判断に委ねられます。ただし、「社会通念（社会の常識）に反する場合」や「生徒の意思決定の自由を侵害するような不相当な方法で行われた場合」には違法になります。特にこの判決では、「生徒の意思決定の自由の侵害」は許されないとしていますが、「母親との話合いを求め、本件進路変更勧奨を継続していたことをもって、意思決定の自由を侵害したとまではいうことはできない。」と判断しています。

　事例のように、謹慎（学内謹慎）によってテストを受けさせないことが、直ちに学習権の侵害に当たるとは言えません。ただし、生徒の意思決定の自由を尊重して、粘り強い説得は必要だと思われます。

アドバイス を受けて

　考えられる指導は、①改善するまで登校禁止にする。②通常の授業を受けさせながら、放課後個別指導を行う。③通常の教室から切り離し、特別（謹慎）指導を行う。事例の高校の実態からは、③が良いと思います。

　試験を受けさせないことが、直ちに学習権の侵害には当たらないということですが、謹慎は「指導」であって停学処分ではないので、学習指導は必要です。中間考査を受けさせることは、学習指導の一環と言えます。また、後々の成績処理を考えると、中間考査を別室で受験させることは有用です。この点について教員同士で話し合えば、合意を得ることは可能であると考えます。

　「生徒の意思決定の自由」を尊重するためには、服装・頭髪違反について、生徒・保護者・教員がとことん話し合うと良いでしょう。高校生なら、社会のルールや校則を守ることの重要性について理解できるはずです。民法改正により、2022年４月から18歳以上は成人となります。「大人」について考える機会としてはいかがでしょうか。

親の了解のもと行った体罰の是非

事例

　先日、保護者会があり、全体会の後、クラス別懇談会を行った。学校や担任に対する要望を聞いたところ、一人の父親から「うちの子どもは、最近、反抗的な態度をとるようになりました。先生、もしうちの子が言うことを聞かなかったら、殴ってでも教えてやって下さい」という要望があった。他の保護者からも賛同の声が挙がった。数日後、授業中に何度注意しても静かにしない男子生徒がいたので、生徒の左頬を軽く叩いた。生徒はすぐにおとなしくなった。この話を聞いた他の生徒の母親が、「それは体罰だ」と言って、翌日教育委員会に訴え出たため、大問題となった。

背景

　事例の学校は下町にある中学校です。保護者は小さな町工場の経営者や技術者が多く、職人気質の方もいます。先日の保護者会に出席したのは28名（内3名が父親）でした。
　体罰が禁止されていることは、教師なら誰でも知っています。しかし現実には「愛のムチ論」や「首をかけて生徒を指導する熱血教師の存在」も依然根強い支持を得ているため、体罰を行う教師が存在し、たとえ体罰によってでも、乱暴な生徒を抑えられる教師を重要視する傾向があります。
　ある日、授業中に騒ぐ男子生徒がいたので、保護者会で「殴ってでも言うことを聞かせてほしい」と言われたと説明して、生徒の頬を軽く叩きました。生徒はハッとして、静かになりましたが、これを見た女子生徒が、帰宅後、母親にこの話をすると、「それは体罰だ」と憤慨して、教育委員会に電話をしました。その結果、学校は事実確認に追われ、担任は自宅待機を命じられました。担任は、保護者会での話や様子から、こんなに大問題になるとは思ってもいませんでした。

法的アドバイス

●体罰の絶対的な禁止

学校教育法第11条ただし書は「体罰を加えることはできない」と明文で体罰の絶対的な禁止を定めています。

●行政の通知

この11条について、文部科学省初等中等教育局は2013年3月13日に「体罰の禁止及び児童生徒理解に基づく指導の徹底について（通知）」を出しました。

1「体罰の禁止及び懲戒について」について、体罰は、学校教育法第11条において禁止されており、校長及び教員は、児童生徒の指導に当たり、いかなる場合も体罰を行ってはならない。体罰は、違法行為であるのみならず、児童生徒の心身に深刻な悪影響を与え、教員等及び学校への信頼を失墜させる行為である。2「懲戒と体罰の区別について」（1）教員等が児童生徒に対して行った懲戒行為が体罰に当たるかどうかは、当該児童生徒の年齢、健康、心身の発達状況、当該行為が行われた場所的及び時間的環境、懲戒の態様等の諸条件を総合的に考え、個々の事案ごとに判断する必要がある。この際、（中略）諸条件を客観的に考慮して判断すべきである。（2）（1）により、その懲戒の内容が身体的性質のもの、すなわち、身体に対する侵害を内容とするもの（殴る、蹴る等）、児童生徒に肉体的苦痛を与えるようなもの（正座・直立等特定の姿勢を長時間にわたって保持させる等）に当たると判断された場合は、体罰に該当する。3「正当防衛及び正当行為について」（1）児童生徒の暴力行為等に対しては、毅然とした姿勢で教職員一体となって対応し、児童生徒が安心して学べる環境を確保することが必要である。（2）児童生徒から教員等に対する暴力行為に対して、教員等が防衛のためにやむを得ずした有形力の行使は、もとより教育上の措置たる懲戒行為として行われたものではなく、これにより身体への侵害又は肉体的苦痛を与えた場合は体罰には該当しない。また、他の児童生徒に被害を及ぼすような暴力行為に対して、これを制止したり、目前の危険を回避したりするためにやむを得ずした有形力の行使についても、同様に体罰に当たらない。これらの行為については、正当防衛又は正当行為等として刑事上又は民事上の責めを免れうる。

●国連子どもの権利委員会の指摘

国連子どもの権利委員会は、度々「体罰が、学校において法律で禁止されているにもかかわらず、いぜん学校、施設そして家庭においてひろくおこなわれている点について懸念を持っている」として、日本政府に体罰禁止の実効的措置を勧告しています。

※文科省の通知：「問題行動を起こす児童生徒に対する指導について（通知）」
　http://www.mext.go.jp/a_menu/shotou/seitoshidou/07020609.htm

---

アドバイスを受けて

いままで体罰はいけないと管理職から強く言われていましたが、文科省の通知文に、有形力の行使の全てが体罰として否定されるわけではないとする裁判例が示されているのを知り、驚きました。他方で、国連子どもの権利委員会は、日本政府に体罰禁止の勧告をしています。国と国連が「体罰」に対して異なる見解をもっているため、現場は困惑するのではないでしょうか。

保護者が「殴ってください」と言っても、その真意は〝毅然とした指導〟を求めるものであって、体罰を望んでいるわけではありません。本事例では、頬を軽く叩くのではなく、生徒に「なぜ騒ぐんだ？」と問いかけて本人から直接理由を説明させるといった指導、あるいは、授業が中断するというマイナスの面はありますが、生徒を教室外に連れ出して説諭するなどの指導が考えられたのではないでしょうか。文科省の通知文はありますが、やはり教師として体罰に頼る指導は決して行ってはいけないと思います。

2　懲戒・体罰と子どもの人権

12 部活動指導に伴う体罰

事 例

　本校（公立中学校）のバスケットボール部顧問のS先生は、部活動の指導に定評がある。特に、短期間に成果を挙げてきた為、他の教師はS先生のやり方に一切口を挟まない。

　S先生は毎年4月初めに保護者会を開き、生徒及び保護者に対して「私は強い部を作りたいので、厳しい指導をします。チームプレーが重要なので、個人のミスは徹底的に怒ります。場合によっては生徒を叩くこともあります。部員及び保護者にはこの点を了承してもらいたい」という説明をして、実際にミスした生徒の頬を叩いたこともあった。

　一部の教師から「やりすぎだ、体罰だ」との批判はあるが、問題になることはなかった。

背景

　公立の学校では異動があり、教師は数年すると他校に転勤します。そのため、部活動の指導が途切れることがあり、各学校では部活動指導を継続させるために苦労しています。

　そんな中、部活動で成果を挙げているS先生の存在は貴重であり、部員たちも「厳しいけど、熱意のある、温かい先生」と評価しているので、管理職もS先生の指導力を高く評価しています。

　また、多くの保護者は、わが子が試合に出場して、よい成績を修めてくれればいいと考えています。試合の応援に毎回行く保護者もいて、生徒と一緒にS先生を応援して（守って）います。そのため、多少の体罰は黙認しているようです。

　しかし、勝利至上主義ではいけないと思います。部活動は教育活動の一環ですから、結果よりもプロセスを大切にすべきです。万一、指導によって生徒がケガをしたり、保護者から苦情がでれば、S先生は処分されるのではないでしょうか。

法的アドバイス

●体罰の絶対的禁止

学校教育法第11条は「校長及び教員は、教育上必要があると認めるときは、文部科学大臣の定めるところにより、児童、生徒及び学生に懲戒を加えることができる。ただし、体罰を加えることはできない」と定めています。

この「体罰」については、戦後当初の行政解釈である「児童懲戒権の限界について」（昭和23・12・22法務庁調査２発18）がいまでも有効であり、「『体罰』とは、懲戒の内容が身体的性質のものである場合」で「身体に対する侵害を内容とする懲戒―なぐる・けるの類―がこれに該当することはいうまでもない」が「被罰者に肉体的苦痛を与えるような懲戒もまたこれに該当する。たとえば端坐・直立等、特定の姿勢を長時間にわたって保持させるような懲戒は体罰の一種と解せられなければならない」とされています。

つまり、なぐる・けるなどの具体的実力行使だけではなく、「肉体的苦痛を与える懲戒」も広く体罰として禁止されます。

●部活動でのミスに「懲戒」理由があるか

「懲戒」とは、広辞苑によると「不正または不当な行為に対して、制裁を加えること」とあります。バスケットボールの試合でのミス、例えば相手チームにパスカットされたりすることは、スポーツでは当然あることで、不正でも不当な行為でも何でもありません。すると、そもそもミスした生徒には「懲戒」を受ける理由がなく、ましてや体罰にあたる指導を受ける理由もないのです。

県立高校の事件（体育のバスケットボールの授業で、パスカットされたことを理由に女子高生が体育館のギャラリーから懸垂をさせられ落下・負傷した）について、東京高等裁判所昭和59年２月28日判決は、「教師の正当な指導行為に対して故なく従わないなど生徒の側に懲戒に値する行為」がなかったとして、学校設置者である県に対して国家賠償を認めました。

このように、生徒の側に懲戒に値する問題行動がない場合は、生徒への体罰は極めて違法性が高いと言えます。つまり、Ｓ先生の指導は体罰にあたり、処分の可能性があります。

アドバイスを受けて	試合でミスをした生徒を叱責する場面はあります。しかし、ミスを理由に頬を叩くのは体罰と認定されることがわかりました。

顧問として、生徒及び保護者から信頼を得ることはとても重要なことです。しかし、事例のような「体罰」にあたる行為を、学校として是認あるいは黙認することは、直さなければいけません。

生徒や保護者から信頼され、実績も挙げ、評価もされているＳ先生は、生徒の潜在能力を引き出す方法として「体罰」を振るっています。そうではなく、別の方法で生徒の力を発揮させることが大切だということを、Ｓ先生自身に理解してもらう必要があります。

Ｓ先生にこれまでの指導法を改めろと言うのは難しいでしょう。しかし、「体罰」は、教育的にも法的にも許されることではありません。このことを管理職はしっかりと認識し、指導法を改めるよう指導・助言すべきです。

例えば、顧問を複数制にして、指導法をチェックし合うなどの体制づくりが考えられます。

13 罰当番としての掃除は体罰に当たるか

> 事 例

　入学間もない中学1年生のS男は、授業中、落ち着きがない。立ち歩いたり、隣の席の友達に話しかけたりして、皆が迷惑している。

　担任は何度も注意を与えたが、なかなか改善しなかった。授業が進まず困ってしまい、ついに「静かにできないなら、罰として教室の掃除を一人でやりなさい」と命じた。

　その日の放課後、S男は一人で教室の掃除をして、下校時刻ぎりぎりに帰途に就いた。すると、保護者から担任に電話があり、「罰当番は体罰です。これから教育委員会に電話で訴えます」という内容だった。このような場合、どう対処したら良いのか。

> 背景

　入学したばかりの中学校1年生は、ほかの小学校から来た生徒たちとなじむまで、少し時間がかかります。一方、S男のように、気軽に友達になれる生徒もいて、教室はしばらくの間落ち着きません。S男は、単に明るく活発な性格であって、特に多動症などの障害があるわけではありません。

　授業中に騒いだときは、その場で「静かにしなさい」と注意します。また、放課後に呼んで、「みんなから迷惑がられると、孤立してしまうよ」と話をしました。さらに「今度騒いだら教室の掃除を一人でやってもらうよ」とも言いました。なぜ罰当番をしなければならないのか考えさせ、「これからは授業中に騒がない、迷惑をかけない」と決意させることが目的でした。ところが保護者は「体罰」ととらえ、教育委員会に訴えると言います。

　罰当番は体罰に当たるのでしょうか。また、教育委員会に訴えられた場合、担任や管理職（校長、副校長・教頭）はどのような責任を追及されるのでしょうか。

法的アドバイス

●体罰の禁止

　学校教育法第11条は、「体罰を加えることはできない。」としています。文部科学省は平成25年3月13日に『体罰の禁止及び児童生徒理解に基づく指導の徹底について（通知）』で、懲戒・体罰に関する解釈・運用を明らかにしました。「懲戒と体罰の区別」は「（1）教員等が児童生徒に対して行った懲戒行為が体罰に当たるかどうかは、当該児童生徒の年齢、健康、心身の発達状況、当該行為が行われた場所的及び時間的環境、懲戒の態様等の諸条件を総合的に考え、個々の事案ごとに判断する必要がある。この際、単に、懲戒行為をした教員等や、懲戒行為を受けた児童生徒・保護者の主観のみにより判断するのではなく、諸条件を客観的に考慮して判断すべきである。（2）（1）により、その懲戒の内容が身体的性質のもの、すなわち、身体に対する侵害を内容とするもの（殴る、蹴る等）、児童生徒に肉体的苦痛を与えるようなもの（正座・直立等特定の姿勢を長時間にわたって保持させる等）に当たると判断された場合は、体罰に該当する。」としています。

●認められる懲戒

　この文部科学省通知の『参考事例』は「認められる懲戒（通常、懲戒権の範囲内と判断されると考えられる行為）（ただし肉体的苦痛を伴わないものに限る。）」として、「学校教育法施行規則に定める退学・停学・訓告以外で認められると考えられるものの例　○放課後等に教室に残留させる。○授業中、教室内に起立させる。○学習課題や清掃活動を課す。○学校当番を多く割り当てる。○立ち歩きの多い児童生徒を叱って席につかせる。○練習に遅刻した生徒を試合に出さずに見学させる。」を挙げました。

　「罰当番としての掃除」は「許された懲戒」であり、体罰に当たることは原則としてはありません。

●粘り強い指導を

　通知は「粘り強く指導することが必要である」としています。生徒の年齢、健康、心身の発達状況などを慎重に判断して、「罰当番」が懲戒の濫用にならないようにすることが大切です。

アドバイスを受けて

　本事例では、罰当番を重要な指導の場面ととらえます。先生もS男と一緒に掃除をしながら、授業中の態度を改める決意を促すような会話ができると良いでしょう。

　S男の保護者には、文科省の通知文を見せながら体罰について説明し、指導への理解を求めます。あわせて、S男の日常の学習態度や生活態度を詳しく伝えます。そして、今回「罰当番」を科した理由を説明し、一度授業参観をしてもらうよう提案してはいかがでしょうか。わが子の授業中の様子を自分の目で見れば、指導が適切であるかどうか理解していただけると思います。

　保護者は、わが子が学校で楽しく充実した生活を送ることを希望しています。この点は教員も同じです。ただ、保護者はわが子のことだけを考えています。これに対して教員は、クラス全体のことを考えて、必要な指導をしています。この点を理解してもらうことが大事です。説明をする際には、教員が一人で対応するのではなく、学年主任または生徒指導主任に同席してもらうと良いでしょう。

14 授業中に騒ぐ生徒を、廊下に出して立たせた

事例

　英語の授業中に、発音の練習用CDを聴いて、生徒全員が音読する場面で、A男が突然奇声を発した。担当教師は授業を中断して、A男に静かにするよう注意を与えた。再びCDを流し始めると、今度は立ち上がってゴミ箱にゴミを捨てに行った。教師は、これでは他の生徒の迷惑になると思い、A男に「廊下に出なさい。しばらく、そこで立っていなさい」と命じた。教師は、教室のドアを開けたままにして、様子を見ながら授業を進めた。

　5分程度のことであったが、後日、A男の保護者から「教育を受ける権利が奪われた。教育委員会に訴える」と言われた。

背景

　中学1年生のA男は、落ち着きのなさに加え、授業中の私語が多く、教員から注意を受けることの多い生徒です。

　担任は、保護者会の折に、来校したA男の母親と個別面談を行いました。その際に、A男の授業中の様子を伝えました。具体的には、①授業中に私語が多い、②急に立ち上がったりする、③忘れ物が多く、授業に支障があること等を伝えました。母親は「A男は、1年前に神経内科を受診したことがあります。医師からは、特に発達障害ではないと言われました」と説明しました。単に落ち着きがないということのようです。

　このような場合、他の生徒の教育を受ける権利（学習権）を考えれば、短時間なら騒ぐ生徒を廊下に出すことは、やむを得ないことだと思います。A男の学習権だけを主張するのは間違いです。保護者が教育委員会に訴えても、学校は、A男の授業中の様子を説明すれば、問題はないと考えます。このような生徒や保護者に対して、どのような指導や接し方をしたら良いのでしょうか。

法的アドバイス

●懲戒についての行政の新しい解釈

　学校教育法第11条では「校長及び教員は、教育上必要があると認めるときは、文部科学大臣の定めるところにより、児童、生徒及び学生に懲戒を加えることができる。ただし、体罰を加えることはできない。」としています。

　部活動中の体罰を背景とした高校生の自殺事件をきっかけとして、文部科学省初等中等教育局長は、平成25年3月13日付『体罰の禁止及び児童生徒理解に基づく指導の徹底について（通知)』を出し、別紙で『学校教育法第11条に規定する児童生徒の懲戒・体罰等に関する参考事例』を示しました。

　『通知』では、「懲戒とは、学校教育法施行規則に定める退学（略)、停学（略)、訓告のほか、児童生徒に肉体的苦痛を与えるものでない限り、通常、懲戒権の範囲内と判断されると考えられる行為として、注意、叱責、居残り、別室指導、起立、宿題、清掃、学校当番の割当て、文書指導などがある。」と述べています。

　「懲戒と体罰の区別について」は「その懲戒の内容が身体的性質のもの、すなわち、身体に対する侵害を内容とするもの（殴る、蹴る等)、児童生徒に肉体的苦痛を与えるようなもの（正座・直立等特定の姿勢を長時間にわたって保持させる等）に当たると判断された場合は、体罰に該当する。」としました。

　『別紙』では「認められる懲戒（通常、懲戒権の範囲内と判断されると考えられる行為)（ただし肉体的苦痛を伴わないものに限る。)」として「授業中、教室内に起立させる。」を挙げています。

●事例について

　中学生のA男には、義務教育で教育を受ける権利がありますので、起立をさせる場合でも「教室内」に限られ、また「直立等特定の姿勢を長時間にわたって保持」させてはいけません。

　ただ事例では、A男は他の生徒の学習を妨げていること、教師は教室のドアを開けたまま様子を見ながら授業を進めていること、5分程度で長時間ではないこと等から、懲戒権の範囲内であると考えられます。なお、授業に代わる指導を別途行うのが適切だと思われます。

アドバイスを受けて

　A男の学習権と、他の生徒の学習権が衝突した事例です。このような問題は、多くの学校で発生しています。まじめに授業を受けている生徒の学習権を尊重したいと思う先生の気持ちは間違っていません。

　しかし、騒ぐA男を教室から廊下に出したことは、文科省の通知によると誤りでした。

　各学校では例えば、事例のような問題が起きたら、生徒を相談室に連れていき、他の教師に指導を依頼する等のマニュアルをつくると良いでしょう。生徒を相談室に連れていく間、授業が中断しますが、生徒たちの学習権を保障するためには許される範囲であると考えます。また、授業妨害を行った生徒には、放課後等を利用して面接指導を行い、なぜ妨害行為をしたのか、いま、そのことをどう思っているのか、今後どうすべきかについて、調査用紙に書かせます。

　保護者へは、対応策について詳しく説明して、理解を求めると同時に、保護者の意見も十分に聴いて、学校との協力体制をつくることが重要です。

15 問題行動の事実を内申書に記載した

　乱暴で、他の生徒たちに迷惑をかける中学生を注意する際に「静かにしなさい。言うことをきかないと内申書にひびくぞ」などと、脅しともとれる発言をする教員がいることは事実だ。

　受験を控えた中学3年生の教室は静かである。しかし、受験に興味のない生徒は、周囲の生徒たちに迷惑がかかることを平気で行う。さらに、校外で問題を起こし、生徒からも教員からも疎まれてしまう。

　はじめて3年生の担任になったA先生は、調査書には事実を記載することが重要と考え、問題行動に関することであっても、隠さず記載した。

　高校受験を控えた3年生たちは、少しでも内申点が下がらないように、慎重な行動をとるようになります。

　ところが、受験を意識していない生徒がわずかながらおり、彼らは他の生徒の迷惑を顧みず、勝手気ままな振る舞いをしています。

　A先生は、担任としてやるべきことは何かを考えました。各教科の評定は教科担任が付けますが、調査書は担任が書きます。そこで所見欄には、基本的に生徒に有利な記述をすることにしました。

　しかし、他の生徒に迷惑をかける者や校外で万引きやけんかをした者の内申書には、その事実をありのままに書くことにしました。進学先の高校にきちんと伝えることが重要と考えたからです。受験する生徒が多少不利に扱われることになっても仕方がないと思いました。万一、生徒が内申書を見るようなことがあっても、説明できるようにしておけば良いと考え、事実を記載することにしたのです。

　何か問題があるのでしょうか。

法的アドバイス

●調査書（内申書）は入学選抜の資料

中学校の調査書は、学校教育法施行規則90条1項の規定により学力検査の成績等と共に入学者の選抜の資料とされ、その選抜に基づいて高等学校の入学が許可されるものです。同規則78条1項は「校長は、中学校卒業後、高等学校、高等専門学校その他の学校に進学しようとする生徒のある場合には、調査書その他必要な書類をその生徒の進学しようとする学校の校長に送付しなければならない。」と定めています。

●客観的事実を公正に記載すべき

調査書の記載が生徒の思想信条の自由や表現の自由を侵すものかどうかが争われた裁判が、麹町中学内申書裁判です。この裁判の最高裁判所第2小法廷・昭和63年7月15日判決は、「調査書が選抜の資料の一とされる目的に適合するよう生徒の学力はもちろんその性格、行動に関しても、それを把握し得る客観的事実を公正に調査書に記載すべき」としました。

「思想、信条そのものを記載」や「記載に係る外部的行為によっては思想、信条を了知し得るものではない」としていますので、思想、信条の自由の侵害が許されないこととしていることは大事です。

●生徒指導の手段にすることは許されない

このように、調査書は入学選抜の資料です。事例にあるような「静かにしなさい。言うことをきかないと内申書にひびくぞ」といった脅しで、調査書を生徒を管理する手段にすることは許されません。

また、調査書は教師によって一方的に作成され、当該生徒や保護者が知ることができないという現実と、その内容が進学の合否に影響を与えるということから、子どもの心理を抑圧し、微細すぎる「きまり」にも従順な子どもをつくり出す機能を果たしているという指摘は十分に配慮すべきです。

●情報開示請求の可能性もある

近時は、生徒や保護者が調査書の原簿である指導要領の開示を求めることが多くなっています。「問題行動の事実」を書くことは最高裁判例で認められていますが、正確な「事実」を書くことが生徒や保護者の納得を得るためにとても大切です。

アドバイスを受けて

内申書をタテにした指導は誤りと言えます。そもそも、脅しと思われる発言や体罰をすることは許されません。

内申書は指導要録に基づいて作成します。その際、指導要録に記載されている事項をそのまま全てではなく、入学者選抜の資料として必要な情報を記載します。例えば、学校生活の中で努力したことや他の生徒に対して良い行いをしたことなどです。

A先生は、進学先の高校に正しい情報を伝えようと考えました。この点は判例でも認めているのですから、間違いではありません。しかし、生徒が校外で起こした問題行動について、既に指導を終えている事柄を記載する必要はありません。過去の問題行動について記載することに、生徒や保護者は納得しないと思います。この点に関しては、学年主任や教務主任と相談の上、慎重な判断が求められます。

A先生は、書籍や研究会等を活用して研鑽を積み、真の生徒指導力や教員としての判断力を身につけてください。

16 学級閉鎖の基準を どうするか

事例

　中学2年生の1クラスで、インフルエンザによる欠席者が20％超となった。本校ではいままで、欠席者が20％を超えた場合は学級閉鎖にするという基準をつくって運用してきた。今回、それに則り、このクラスの学級閉鎖を決めた。ところが、教職経験30年以上のベテランの担任が、「授業日数を考えると、いまの基準を変更して、欠席者が30％を超えた場合に学級閉鎖にすべきだ」と発言したため、学級閉鎖の基準について議論になった。また、治癒の証明には医師の診断書を提出させていたが、この点にも担任は疑問を呈した。

背景

　ここ数年、本校ではインフルエンザによる学級閉鎖をしたことがありません。当時の校長と養護教諭が、生徒の体力を向上させることが一番の予防策と主張して、体育以外にも、昼休みや20分休みに積極的に校庭に出て運動するよう指導した結果です。
　しかし、今年は全国的にインフルエンザが流行し、本校でも1クラスで20％超の欠席者が出たため、検討した結果、内規に基づき学級閉鎖とすることにしました。また、以前から、医師にインフルエンザ完治の証明書を書いてもらって提出すれば、インフルエンザが治ったとして登校を許可していました。
　ところが、ベテランの教員が「授業日数の確保のため、簡単に学級閉鎖をしてはならない。また、インフルエンザによる出席停止期間は基準があるのだから、基準を満たせば登校しても良いと思う。わざわざ医師の証明は必要ない」というのです。他の生徒への感染や、治りきらずに登校する生徒が想定されるため、医師の証明を提出させていました。どうしたら良いでしょうか。

法的アドバイス

●インフルエンザは第二種感染症

　文部科学省が定めた学校保健安全法施行規則は、インフルエンザを第二種感染症としています。第二種は飛沫感染するもので、児童生徒等の罹患が多く、学校における流行を広げる可能性が高いものです。

●出席停止

　学校保健安全法19条は出席停止について、「校長は、感染症にかかつており、かかつている疑いがあり、又はかかるおそれのある児童生徒等があるときは、政令で定めるところにより、出席を停止させることができる。」と定めています。これは、感染症予防と流行防止を目的として行う処置です。内閣が定めた学校保健安全法施行令の6条2項は「出席停止の期間は、感染症の種類等に応じて、文部科学省令で定める基準による。」としています。第二種の感染症については、出席停止期間の基準が設定されており、「インフルエンザ（特定鳥インフルエンザ及び新型インフルエンザ等感染症を除く。）にあつては、発症した後五日を経過し、かつ、解熱した後二日（幼児にあつては、三日）を経過するまで。」と定め、なお「ただし、病状により学校医その他の医師において感染のおそれがないと認めたときは、この限りでない。」としています。

●臨時休業

　インフルエンザの罹患者や欠席者が多くなったときは、感染を予防するために臨時休業の措置をとることができます。学校保健安全法20条は「学校の設置者は、感染症の予防上必要があるときは、臨時に、学校の全部又は一部の休業を行うことができる。」と定めています。「学校の設置者」とは教育委員会を指しますが、通常は校長にその権限が委任されているので、臨時休業にするかどうかは校長の判断になります。休業の日数については、学校医と相談して総合的に判断します。

●治癒証明書

　担当の医師が各疾患の出席停止の基準を考慮して記載するもので、通常その期間は欠席扱いになりません。学校感染症は法律で規定されているので、本来、出席停止の処置がとられた場合には個人の判断ではなく、学校医等の医師の許可を得て登校すべきであり、治癒証明書はそのためのものです。

アドバイスを受けて

　登校開始について、法的アドバイスでは「医師の許可を得て登校すべき」とのことです。多くの学校では独自の「治癒証明書」をつくって、無料で医師に必要事項を記入・押印してもらっています。しかし、「文書料」をとる病院もあって、貧困家庭では経済的負担になります。対策として、基準となる出席停止期間終了後に、医師が処方した薬（タミフル等）がわかるもののコピーを添付し、保護者が確認印を押すことで登校開始を認めるといった工夫をしている学校もあります。

　学級閉鎖の法的な基準はありません。各教育委員会が基準を定めて、各学校はその基準に従い対処しています。東京都教育委員会では、季節性インフルエンザで20〜30％の児童生徒が欠席した場合に、感染力の強い新型インフルエンザに罹患した際は、10％の児童生徒が欠席した場合に、学級閉鎖をするよう通知を出しています。

　事例のベテラン教員の発言を受けて、校内で、学校や生徒の実態に合わせた基準づくりを検討すれば良いでしょう。

17 日付なしの退学届の法的効力

事例

　本校は「生徒指導困難校」と呼ばれ、数年前までは、特別指導が年間100件以上もあり、教師はいつも生徒指導に追われていた。その頃は「問題行動3回で退学」という内規があったが、近年、生徒の人権保障が叫ばれるようになり、内規を変えた。問題行動3回で退学はさせないが、3回目の指導が終了する際、誓約書と共に「日付を入れない退学届」を提出させることにした。先日、4回目の問題行動（ライター所持）があった。前回の指導の解除の際に約束したので、「日付なしの退学届」に日付を記入させた。生徒は、自身も保護者も納得した上で、自主退学になった。

背景

　「生徒指導困難校」と呼ばれる高校では、問題行動が頻発するため、現場の教師は日々生徒指導に追われて疲弊しています。そこで、この高校では「日付なしの退学届」を提出させることにしました。この日付なしの退学届には、問題行動を抑止する効果があり、繰り返し問題行動を行う生徒は減少しました。

　通常は、問題行動が起こると、当該生徒から事情を聞き、自己の行動に対して反省を迫ります。そして、二度と問題行動はしないという決意をさせて、指導（特別指導）を終了します。多くの場合、問題行動の内容や回数に応じて、生徒指導部注意、校長説諭、特別指導（謹慎指導）というように、指導の内容を変えたり、指導期間を伸ばしたりします。

　しかし、事例にあるようなライター所持という軽微な問題行動を理由に退学を迫ることは、生徒にとっても、教師にとっても釈然としません。「日付なしの退学届」を受理したために、軽微な問題行動を理由に退学させざるを得ない状況になります。果たしてそれでよいのでしょうか。

法的アドバイス

●退学処分は十分な教育的配慮が必要

退学処分について学校教育法施行規則第26条1項は「児童等の心身の発達に応ずる等教育上必要な配慮をしなければならない」を求めています。

生徒の身分を剥奪する重大な措置ですから、生徒に改善の見込みがなく、これを学外に排除することが教育上やむを得ないと認められる場合に限って選択すべきものとの趣旨です。

特に、年齢的に心身の発育のバランスを欠きがちで人格形成の途上にある高校生については、退学処分の選択は十分な教育的配慮の下に慎重になされることが要求されます。

●杓子定規的で違反行為の責任追及は許されない（東京高裁平成4年3月19日バイク取得・免許取得退学事件判決）

この判決は「できるだけ退学という事態を避けて他の懲戒処分をする余地がないかどうか、そのために生徒や両親に対して実質的な指導あるいは懇談を試み、今後の改善の可能性を確かめる余地がないかどうか等について、慎重に配慮」を求め、学校の「杓子定規的で違反行為の性急な責任追及」を諫めています。

●自主退学勧告には生徒の意思決定の自由（東京高裁平成4年10月30日パーマ退学事件判決）

この判決は「自主退学勧告は、生徒は勧告に従って退学の申出をするか否かの意思決定の自由を有す」としています。

その上で「自主退学勧告は、従わない場合に実際上退学処分を受けることが予想されるようなときには、生徒としての身分の喪失につながる重大な措置であるから、学校当局の判断が社会通念上不合理であり、裁量権の範囲を超えていると認められる場合にはその勧告は違法となり、勧告に従った自主退学の意思表示も無効となる」としています。

●日付なしの退学届けについて

日付なしの退学届けが直ちに違法とは言えないとしても、退学処分・自主退学勧告の判例によると、①退学以外の懲戒処分をする余地がないかどうか、②生徒の意思はどうか、以上について慎重な配慮が求められます。

アドバイスを受けて

退学は、高校生という身分を剥奪する極めて重い処分ですから、できるだけ退学という事態を避けて他の懲戒処分をする余地がないかどうか、慎重に判断する必要がありそうです。アドバイスにあるように、退学処分・自主退学の勧告は、生徒に改善の見込みがなく、学外に排除することが教育上やむを得ないと認められる場合に限って選択すべきです。

「日付なしの退学届」を受け取った生徒は、退学になるかもしれないという緊張感をもって学校生活を送ることになります。その点では「日付なしの退学届」には問題行動を抑止する効果があります。しかし、たとえ軽微な問題行動であっても、次に問題行動を行えば退学になります。本来、反省を促す意味で渡した「日付なしの退学届」によって、退学に追い込まれる可能性を高めてしまうことになるのです。

「日付なしの退学届」は生徒に対する威嚇であって、真の生徒指導とは言えません。生徒が自らを律して、進級・卒業すると決意するよう励まし、支援することが重要です。

18 内申書が悪くなるぞ

事例

　私のクラスには、授業中に騒いだり、問題行動を頻繁に起こす生徒が3名いる。いままでにも「問題を起こすと内申書が悪くなるぞ」と言って牽制してきた。そう言うと、しばらくの間おとなしくするが、すぐに騒いだり問題行動を起こす。そこで「お前たちの内申書は書かない」と宣言した。すると「先生ごめんなさい。これからはおとなしくするので内申書を書いて下さい」と言ってきた。しかし、いままでにも、謝った翌日に問題を起こしたり騒いだりしてきたので、今回は保護者と一緒に謝りに来るまで放っておくことにした。

背景

　平成22年3月に文部科学省が発行した『生徒指導提要』によれば、「生徒指導とは、一人一人の児童生徒の人格を尊重し、個性の伸長を図りながら、社会的資質や行動力を高めることを目指して行われる教育活動のこと」と説明しています。生徒一人ひとりの人格を尊重することが生徒指導の前提にあります。その上で、生徒の成長発達のために必要な指導・支援を行いますが、現実には、教師が必要であると考えて指示したことに従わない生徒がいます。このような生徒に対しては、どの教師も指導に苦慮し、あの手この手を使っていると考えられます。

　さて、公立高校を受験する場合、合否は試験当日の得点と中学校が発行する内申点によって決まります。そのため、普段、教師の言うことを聞かない生徒に対して「内申書が悪くなるぞ」と言えば、多くの生徒は焦りを感じて、教師の指示に従うようになります。

　しかし、言うことをきかせるために内申書という教師の権力を持ち出す対応はどうなのかと不安を感じます。

法的アドバイス

　「内申書」は外部証明の原簿としての指導要録に基づいて作成されるものです。学校教育法施行規則第78条で「校長は、中学校卒業後、高等学校、高等専門学校その他の学校に進学しようとする生徒のある場合には、調査書その他必要な書類をその生徒の進学しようとする学校の校長に送付しなければならない」と定められているように、法規上の正式名称は「調査書」です。内申書は高校入学試験に大きく影響を及ぼすことから、生徒が内申書を気にして自由に学校生活を送ることができないとの指摘があることはご承知のとおりです。

●過度の肉体的・精神的負担を負わせる生徒指導はダメ（さいたま地方裁判所・2008年7月30日判決）

　事案は県立高等学校の考査中の行為について教諭らから事情を聴かれた後に生徒が自殺した事案で、判決は教諭らに安全配慮義務違反は認められないとしました。

　しかし、同判決は「教職員らは、特に生徒指導を行うに際しては、①教師・生徒という権力的関係が生徒にとって大きな精神的・心理的負荷につながりやすいこと、②思春期の生徒が精神的不安に陥りやすいことから、③当該生徒の年齢・性格等を考慮した上で、教育目的の観点から、当該生徒に過度の肉体的・精神的負担を負わせるにいたった場合には、これを除去するなどの教育的配慮を行う義務があり、……④生徒に対する指導は、生徒の権利侵害を伴うことも少なくはないから、教育的効果と生徒の被るべき権利侵害の程度とを比較衡量し、生徒の性格、行動、心身の発達状況、不正行為の内容、程度等諸般の事情を考慮し、それによる教育的効果を期待しうる合理的な範囲」のみが許される、としていることは重要です。

●生徒指導の手段とすることは許されない

　中学3年生は受験を控え精神的不安に陥りやすい時期であり、内申書を生徒指導の手段に使うことは「生徒にとって大きな精神的・心理的負荷」を与えるものであると考えられます。事例のような対応は法的には許されないと言えるでしょう。

アドバイスを受けて

　判決文の中に「生徒指導を行うに際しては、教師・生徒という権力的関係が生徒にとって大きな精神的・心理的負荷につながりやすい」という指摘がありました。確かに、成績をつけるのは教師ですし、内申書を書くのも教師ですから、教師は大きな権力をもっていると言えます。ですから、「内申書を書かない」という対応は、権力を振りかざす行為であり、生徒指導とは言えません。

　生徒のために必要であると考えて行った指導が、生徒に大きな負担を与える結果になっては元も子もないので、「生徒の人格を尊重する」という前提を崩すことのない指導を行う必要があります。今回のような事例であれば、「内申書が悪くなる」とか「内申書を書かないぞ」というような脅しのような発言をするのではなく、生徒及び保護者を呼んで、学年主任や副校長、場合によっては校長が同席した上で、今後きちんと学校生活を送るという約束をさせるというような方法で指導をするのが正しい指導と言えるでしょう。

19 借りた本を返さない生徒の氏名を掲示した

事例

　図書室の管理責任者である国語科の教員が、「本を返してください（３カ月以上延滞者）」というＡ４判のプリントを作ってきた。そのプリントには、貸出した書名と日付、学年、クラス、名前が書かれている。最後に「本を借りた覚えがない、または返却したはずだという場合には必ず申し出てください。なお、紛失・破損した場合には弁償してもらいます」という注意書きとともに、生徒の名前が十数名書いてあった。このプリントを見た教員の一人から「氏名を掲示することは、プライバシーの侵害に当たると思うので、やめたほうがよい」という意見が出された。

背景

　公立中学校の図書室には司書が配置されていないことがあります。その場合、図書委員会を組織して、教員が交代で図書室の管理をします。そのため、図書室の開館日が限られてしまい、本の貸出し・返却が円滑に行われないことがあります。学期末には、返却されていない図書を確認して、借りたままにしている生徒に、担任を通じて文書で返却を促すという学校が多いようです。

　今回の事例は、図書委員会委員長の国語科の教師が「掲示板に氏名を張り出して催促しましょう。３カ月どころか、半年以上本を返さない生徒がいます。借りた本人が忘れている場合もあるので、やはり学年、クラス、氏名を掲示しなければ気づかないと思います。他の生徒が借りられなくて困っていますから、早く解決したいし、学校内の掲示板に掲示するだけなら問題はないと思います」という考えのようです。確かに、二度三度と繰り返し催促をしても本を返却しないような生徒が多いのですが、プライバシーの問題はないのでしょうか。

法的アドバイス

●プライバシーの権利

日本国憲法13条は「すべて国民は、個人として尊重される。生命、自由及び幸福追求に対する国民の権利については、公共の福祉に反しない限り、立法その他の国政の上で、最大の尊重を必要とする」と定めています。中でもプライバシーの権利は幸福追求権の代表です。三島由紀夫のモデル小説『宴のあと』で、東京地方裁判所が「私生活をみだりに公開されない法的保護ないし権利」をプライバシーの権利として認めました（1964年）。その後、前科（最高裁1981年判決）や、外貌（小説『石に泳ぐ魚』事件、最高裁2002年判決）などがプライバシーに当たるとして最高裁で認められてきました。

●氏名もプライバシーの権利で保護

氏名については、2003年「江沢民氏参加名簿提出事件」判決で最高裁がプライバシーであると認めました。事案は大学で中国の国家主席の講演会が開催された際に、大学側が警備に当たっていた警察に参加者の氏名・住所・電話番号を記した名簿の写しを無断で提出したというものです。最高裁は、個人情報について「本人が、自己が欲しない他者にはみだりにこれを開示されたくないと考えることは自然なことであり、そのことへの期待は保護されるべきものであるから、個人情報は、プライバシーに係る情報として法的保護の対象となるというべきである。このようなプライバシーに係る情報は、取扱い方によっては、個人の人格的な権利利益を損なうおそれのあるものであるから、慎重に取り扱われる必要がある」と述べてプライバシー侵害を認めました。

●借りた本を返さない生徒の氏名もプライバシーの権利で保護される

「借りた本を返さない生徒の氏名の掲示」は、その生徒にとって「他者にはみだりにこれを開示されたくないこと」です。したがって、校内であっても掲示は避けるべきです。

プライバシーの権利と表現の自由について『石に泳ぐ魚』※事件などを題材として生徒と議論をすることはたいへんに有益だと思います。

※芥川賞作家・柳美里の小説『石に泳ぐ魚』に登場する人物が、無断で小説のモデルにされたことで、プライバシーを侵害されたとして柳氏と出版社を相手取り出版差止と損害賠償請求し、認められた事件。

アドバイスを受けて　人は誰でも、ほめられることならともかく、悪いことや否定されることに関して、他人に知られたくないという気持ちをもっています。このプライバシーの権利が、憲法が保障する幸福追求権の中心にあることを知りました。

事例のように、長期間本を返却しない生徒の中には、紛失したり、又貸ししたりする悪質な場合もあると思います。確かに、このような場合は指導の必要があります。しかし、個人の問題を他の生徒にまで知らせることは、一種の「見せしめ」であって、決して教育的であるとは言えません。

教師は生徒に、本の貸出・返却のルールを教えて、実行させなければなりません。事例の場合、直接当該生徒に本を返却するよう伝えます。それでも返却しない場合は、例えば「図書返却週間」を設けて、当該生徒を呼び出し、本の返却を約束させます。約束を果たすまで、何度も呼び出すとか、保護者に連絡するなどの工夫が必要です。図書委員会の教師だけでなく、全ての教師が協力して、必ず返却させる体制をつくることが重要です。

20 誰のための学習権か

事例

　本校（公立の定時制高校）では、例年入学式の日から3カ月位は落ち着かない日々が続く。新入生が騒いで授業が成り立たないからだ。授業が始まっても自分の席に戻らず、友達とおしゃべりを続ける者。授業中に急に大声を出す者。教師の説明や問いかけに対して、関係のないことを口走る者。彼らに対して、真面目に授業を受けたいと思っている生徒たちは、担任に「何とかして下さい。騒がしくて授業が受けられません」と訴えてくる。

　生徒指導部が、「一度注意しても改善しない場合、騒ぐ生徒を生徒相談室に移して自習をさせる。本人が反省をして、今後静かに授業を受けると約束すれば教室に戻す」と提案したところ、賛成派と反対派が対立した。

背景

　定時制高校には、さまざまな背景の生徒が入学してきます。その中には、目的意識も無く、なんとなく入学した生徒がいます。逆に、勉強したいという強い意欲をもって入学した生徒もいます。このように、二つの志の違う集団が形成されます。

　その集団の中には、授業を受ける際の基本的な姿勢が身についていない者がいることもあり、事例のように、騒がしくて授業が成立しない場合が多々あります。そのような場合、勉強をしたいと思う生徒たちは、教師に対して授業中に騒ぐ生徒の指導を求めます。

　この事例の学校では、生徒指導部が職員会議で、授業の邪魔をする騒がしい生徒を、別室に入れて自習させることを提案しました。ところが、この措置に対して「別室で自習させることは、学習権の侵害だ」という意見が出ました。別の教師は「真面目に授業を受けようとする生徒の学習権が侵害されることの方が問題だから、別室に移すことは当然だ」と言って対立しました。学習権についてどのように考えたらよいのでしょうか。

法的アドバイス

　憲法26条は、一項において、「すべて国民は、法律の定めるところにより、その能力に応じて、ひとしく教育を受ける権利を有する」と定め、二項において、「すべて国民は、法律の定めるところにより、その保護する子女に普通教育を受けさせる義務を負ふ。義務教育は、これを無償とする」と定めています。

●学習権とはなにか

　学習権について、旭川学力テスト事件判決は「この憲法26条の規定の背後には、国民各自が、一個の人間として、また、一市民として、成長、発達し、自己の人格を完成、実現するために必要な学習をする固有の権利を有すること、特に、みずから学習することのできない子どもは、その学習要求を充足するための教育を自己に施すことを大人一般に対して要求する権利を有するとの観念が存在していると考えられる。換言すれば、子どもの教育は、教育を施す者の支配的権能ではなく、何よりもまず、子どもの学習をする権利に対応し、その充足をはかりうる立場にある者の責務に属するものとしてとらえられているのである」として、「子どもの学習する権利」をはっきりと認めました（最高裁判所大法廷・昭和51年5月21日）。

●別室での授業は許されるか

　このように全ての生徒には学習権が保障されています。そこで、授業妨害を繰り返す生徒に対して再三にわたり指導教育を行ってもその効果が現れず、その生徒をそのまま通常の教室内で他の生徒らと一緒に学習させることが、他の生徒の学習権を侵害している場合には、緊急避難として、特別に別室において学習させることも認められると考えられます。

●学校に求められること

　その際には、別室に移された生徒の学習権を保障するために、再び通常の教室内で他の生徒と一緒に安全に学習できるよう常に教職員を配置し、問題行動を止めさせるような教育指導を行わなければなりません。また、それとともに、通常の教室に復帰した際にはスムーズに他の生徒と同内容の学習が行えるよう、平行して教科指導も行わなければならないと考えられます。

アドバイスを受けて

　騒がしい生徒を別室に移して授業をするためには、①教員を配置する、②問題行動をやめさせるような教育指導を行う、③通常の授業と平行して教科指導を行うという三つの条件を揃えなければならないとわかりました。事例では、騒ぐ生徒を別室に移して、自習させるという計画でしたが、それでは三つの条件は満たされません。したがって、事例のようなやり方では認められないでしょう。

　義務教育では問題行動に対する措置の一つに「出席停止」が認められていますが、その場合、指導計画を作り、教育委員会に報告して、自宅で学習させる際には教師が家庭訪問をして、学習指導を行うことになります。しかし、人的・時間的にとても困難なため実施した例はわずかです。

　事例の場合、学習権を保障する3条件を満たすには、①毎時間の担当者を決める、②授業規律について説明し、他の生徒に迷惑をかけてはいけないことを理解させる。さらに③自習課題を与え、答え合わせや解説をするなど、授業に準じた指導が必要と言えます。

21 教師の何気ない言動が子どもを傷つける

事例

　先日、B男（中学1年生）の保護者が学校にやってきて、「担任を出せ」と大声で怒鳴りはじめた。担任が出ていくと「うちの子は、お前のせいで学校に行きたくなくなったと言っている。うちの子はやるべきことはちゃんとやっているのに、お前はうちの子を苦しめた。この責任は取ってもらうぞ！」と言うなり、つかみかかろうとした。教頭が出ていくと、「この担任の指導はどうなっているんだ。教頭も一緒に責任を取ってもらうぞ。まず、うちの子に謝れ。そして、毎日、家まで迎えに来い」と詰め寄った。しかし、担任は身に覚えがないので困惑した。

背景

　B男は素直で真面目な生徒です。クラスの友達の信頼も厚く、学級委員として頑張っていました。担任は、はじめて担任をもった若い男性教師です。学級経営を円滑に行うことに一生懸命になっているため、仕事のできる特定の生徒に多くの仕事をやらせていました。真面目で学級委員でもあるB男に多くの仕事が割り振られました。いつしか、B男はそのことに不満をもつようになり、担任に「僕だけでなく、ほかの人にも仕事を割り振ってください」と懇願しました。ところがそのことが担任の気に触ったらしく「B君はそんなことを言うのか。あきれたな。もういいよ。嫌ならやらなくてもいいよ。見損なった」とはき捨てるように言いました。B男は困ってしまい、「先生ごめんなさい。勉強と部活があって、先生に言われた仕事が予定の日に終わらないんです」と答えた。すると担任は「だからもういいと言っているんだ。もう頼まないからいい」と冷たく言い放ちました。
　B男は苦しみました。そのため、「学校に行きたくない」と言いはじめたのです。

法的アドバイス

●教師の何気ない言動

　私が関わった裁判の中で、小学生が依頼者というのは印象深いものでした。その小学生は、ぜん息症状の改善のために「健康学園」に通学し、寄宿舎で生活をしていました。しかし、症状が改善したので転校してきました。

　小学生は絵が好きで得意でした。ある日、授業で写生をすることになりました。大きな木を描いていたのですが、担任の先生が来て、色が濃すぎるということで筆に水をつけて、絵の色を薄くしたのです。担任の先生としては、絵の指導だったと思われますが、小学生は「自分の絵を、先生は水で無茶苦茶にした。ひどい」と思いました。それ以来、小学生は担任の先生の言動について、自分をいじめていると感じ続けました。

　例えば、担任の先生が「健康学園」のことを話題にするたびに、自分について偏見をもっていると感じ続けたのです。

●「わがまま」から「不幸な出来事」へ

　小学生の親も深く悩みました。ついに、東京地方裁判所に学校と担任を相手取り、慰謝料請求の裁判を起こしました。東京地裁は、判決で「小学生のわがまま」と結論づけ、小学生は敗訴しました。東京高等裁判所に控訴したところ、敗訴の結論は変わりませんでしたが、理由の中で「教員は万能ではないので、今回は不幸な出来事であった」と指摘しました。小学生は判決で「不幸な出来事」と言ってくれたことに「この言葉を言ってほしかった」と喜びました。

●芸術大学美術学部に進学

　後に、その小学生は、芸術大学美術学部に進学をしました。代理人であった私自身、「写生」での出来事の意味がやっとわかったような気がしました。教師の何気ない言動が、子どもを深く傷つける場合があることを実感した事例でした。

アドバイスを受けて

　教師は「生徒のためになる」と考えて、さまざまな指導を行います。しかし、まれに教師の思いが伝わらなかったり、生徒にとって不快なことであったりする場合があります。齟齬（食い違い）が起こる原因は、生徒と教師との間に信頼関係が成立していないからです。

　事例では、担任は上手に学級経営をするために、生徒に仕事を手伝わせていましたが、加重負担によって、生徒を苦しめていたことに気づきませんでした。本来、担任は、生徒の様子を観察して、生徒の気持ちを察知しながら指導を行います。事例の担任は、察知する資質能力に欠けていたと思われます。また、教師でありながら、生徒と同じ次元に立って、はき捨てるような言い方をすること自体が問題です。管理職がしっかりと指導する必要があります。

　具体的には、教師の何気ない一言が生徒を傷つける場合があること、生徒の気持ちを理解することによって、信頼関係が生まれることを教えなければなりません。

22 風俗店でアルバイト

事例

　本校の女子生徒が、風俗店でアルバイトをしているらしいとのうわさが流れた。都心の繁華街で「ＪＫ（女子高校生）お散歩」のアルバイトをしているという情報が、同じクラスの生徒から担任に伝えられた。「ＪＫお散歩」とは、男性客と一緒に散歩をして、お金をもらうというものである。

　以前、若者向けの雑誌に、この女子生徒の水着姿の写真が掲載されたことがあった。担任および生徒指導部は、エスカレートすると危険なので、今後、このようなアルバイトはしないように注意を与えたばかりだった。

背景

　事例の女子生徒は、家庭が経済的に苦しいこともあって、以前からアルバイトをしていました。最初はコンビニのレジのアルバイトをしていましたが、少しでも時給の良い所で働きたいと考えて、いろいろ探しているうちに、雑誌のモデルの仕事を見つけて応募しました。その後、学校の知るところとなり、辞めるように言われて、やむなく辞めました。

　しかし、一度普通の３倍もの時給をもらった経験をした女子生徒は、少しでも高い時給を手に入れたいと考えて、今度は「ＪＫお散歩」というアルバイトをはじめました。この仕事は、男性客を相手に、一緒に散歩をするというものです。それだけで済むなら良いのですが、実際には、散歩の後に食事に誘われて飲酒をしたり、さらに不純異性交遊あるいは児童買春にまで発展したりする恐れがあります。

　保護者は黙認しているようですが、学校としては絶対に辞めさせなければならないと思います。この女子生徒に対して、どのような指導をしたら良いでしょうか。

法的アドバイス

「ＪＫお散歩」は、男性客と一緒に散歩をしてお金をもらうもので、決まった店舗をもたず、個人でチラシを配りながら客を集めていることが多いようです。事件としては、30歳の男が「ＪＫお散歩」店でアルバイトをしていた女子高校生（17歳）から、着用していた下着を買い受けるとともに、みだらな行為をしたとして、東京都青少年の健全な育成に関する条例違反（着用済み下着等の買受け等の禁止、反倫理的な性交等の禁止）で検挙された事件があります。不純異性交遊や児童買春にまで至る恐れがあり、子どもの権利の重大な侵害になる危険性をはらんでいます。

●現行法での規制は不十分

「ＪＫお散歩」そのものの現行法での規制は不十分です。「風俗営業等の規制及び業務の適正化等に関する法律」は「設備」を設ける場合の規制ですので、無店舗の場合には適用されません。労働基準法は未成年者に危険で有害な業務をさせることを禁止していますが、「散歩させる」こと自体を「有害業務」とすることは困難だと思われます。

●警察の補導の対象に

東京都千代田区では、近年、駅周辺など一部の繁華街での客引き行為が問題となり、「千代田区公共の場所における客引き行為等の防止に関する条例」を制定して2014年４月から施行しました。同条例では、区内全域の公共の場所での客引き行為や勧誘行為などを規制しています。但し罰則はありません。報道によれば、警視庁少年育成課は2013年12月に「ＪＫお散歩」は「性的被害の恐れ」があるとして補導対象に指定、千代田区・秋葉原地区での少年一斉補導を実施して、13人を補導しました。

●指導は具体的な事実・事件を伝える

子どもの権利条約はあらゆる形態の性的搾取からの保護を規定しており、学校が生徒に「ＪＫお散歩」を辞めるように指導することは大切なことです。

「ＪＫお散歩」が不純異性交遊や児童買春に発展して、生徒の身体と心を傷つけることを具体的な事実に基づいて説得することが重要だと思われます。

アドバイスを受けて

やはり、「ＪＫお散歩」は危険が伴うアルバイトであることがわかりました。

風営法では、店舗がない業務が取り締まりの対象とならないと聞き、驚きました。法律として不備と言わざるを得ません。

千代田区が条例で客引きを取り締まったり、警視庁が一斉に補導をしたりしているそうですが、学校としては、女子生徒に危険性について十分な情報を与え、生徒自身が納得して「ＪＫお散歩」を辞めるよう指導する必要があります。特に、目先のお金に惑わされて、生徒自身の心と身体を傷つける危険性があることをしっかりと説明します。

生徒指導を行う上では、生徒が置かれている環境等に配慮することが求められます。この生徒の場合、家庭が経済的に苦しく、アルバイトをする必要に迫られているようです。それなら、学校が安全で賃金の高いアルバイトを生徒と一緒に探すことも視野に入れなければなりません。こうすることで、生徒がどこで、どのようなアルバイトをしているのかが把握でき、学校としても安心です。

23 校内で盗難が発生した

事例

　２年生の男子生徒は、体育のとき、更衣室に行かずに教室で着替えをしている。

　今年度に入って、Ｂ男は、いつもと同じように教室で着替えて、財布を入れた制服を机の上に置いたまま体育館に行き、体育の授業を受けた。教室に戻って制服に着替え直して、その後の授業に臨んだ。昼休みに購買部に行き、飲み物を買おうとして財布を開けると、1000円札がないことに気づいた。すぐに担任のところに行って事情を説明した。

　ほかのクラスでも、体操着や文房具がなくなる事件が起きている。そのため、保護者から「学校に泥棒がいるようでは、安心して子どもを通学させられない。犯人を捜してほしい」との電話があった。

背景

　体育や芸術の授業で教室移動をして、生徒がいない時間を狙って、盗難が起きました。日ごろから、学校に貴重品を持ってこない、万一、持ってきた場合は担任に預けるか、身に着けておくように指導をしてきました。しかし、生徒の多くは無防備です。授業時間中に空き教室を巡回してみると、机の上に電子辞書が置いてあったり、着替えた制服のポケットから財布が覗いていたりすることがあります。

　調べたところ、盗難が起きた時間帯に業者など部外者の出入りはありませんでした。犯人が生徒である可能性を考えなければなりません。あわせて、被害の拡大も防がなくてはいけません。

　学校は、臨時職員会議を開いて対策を練ることにしました。そこでは、「犯人捜しは難しいので、まず被害に遭わないために防衛するよう指導する」ことが確認されました。苦情を言ってきた保護者には、その旨を説明しましたが、納得しません。学校としては犯人をどうやって捜せば良いのでしょうか。

法的アドバイス

●学校の調査義務

いじめについて、いじめ防止対策推進法は「いじめにより当該学校に在籍する児童等の生命、心身又は財産に重大な被害が生じた疑いがあると認めるとき」は「学校の設置者又はその設置する学校は、重大事態に対処し、及び当該重大事態と同種の事態の発生の防止に資するため、速やかに、当該学校の設置者又はその設置する学校の下に組織を設け、質問票の使用その他の適切な方法により当該重大事態に係る事実関係を明確にするための調査を行うものとする。」として、学校に調査義務を課しています（28条）。

この法律は、学校による事実関係の調査方法については「質問票の使用その他の適切な方法」として、学校の調査能力には限界があることを前提にして、教育的な立場での事実調査を求めているのです。

●学校には捜査能力はない

痴漢冤罪事件や死刑再審事件が最近大きく報道されています。犯罪捜査は専門機関である警察や検察でも誤ることがあります。そこで、刑事訴訟法は慎重な手続きを定めて、家宅捜索などをするためには相応の根拠に基づき、裁判所の許可を得なければならないことになっています。それでも裁判所が誤判する危険性があります。

当然ながら学校には捜査権はありませんし、捜査のノウハウももっていません。学校の調査によって得られた情報の多くは、「自分が体験した事柄でなく他人から間接的に聞いたこと」、すなわち伝聞証拠と言われるものや推測程度のものが多く、客観的な証拠に裏づけられないことが多くあります。学校の誤った調査は生徒の人権を傷つけるおそれがあり、学校の強引な「犯人捜し」のために「犯人」に疑われた生徒が不登校になったりする二次被害が起きたりすると、生徒と学校との信頼関係を損ないかねません。

実際にあった事例では、高校で起きた携帯電話のメモリーカードの紛失事件で、担任の教師が、生徒23人の指紋をとったことが「行き過ぎた指導」として問題となりました。

学校は、教育的な立場に立って可能な範囲の調査を行えば、調査義務を果たしたと言えます。

アドバイスを受けて

校内で問題・事件が発生すれば、学校は事実関係を調査する義務があります。しかし、学校には、警察のような捜査権がないので、学校で行う調査には限界があります。

校内で盗難が起こった場合、素早く調査を開始することが大事です。アンケート等で盗難発生時にどこで何をしていたかを尋ね、また、授業に遅れてきた生徒を出席簿から拾い出して面接調査なども行います。これらの調査によって、おおよそ絞り込むことが可能です。絞り込むことができても、人権や生徒と教員との信頼関係などに配慮し、慎重に話をすすめます。ここまでしても犯人の特定に至らない場合もあります。さらに、調査と並行して被害生徒のケアを行うことも重要です。

保護者には、調査の経緯に加え、学校の調査能力のこと、捜査権がないことなどについても丁寧に説明します。その上で、できる範囲で調査義務を果たすことを約束します。

生徒に対しては、今後、貴重品の管理方法についてルールを決めることを約束し、実行します。

24 万引きしたお菓子を貰って食べた

事例

　中学1年生のT男と中学2年生の兄S男は仲良しの兄弟で、いつも一緒に遊んでいる。ある日、兄のS男が「今日のおやつは何だろう」とつぶやいた。それを聞いた弟のT男はチョコレートを持ってきた。S男は喜んで食べた。いつもおやつの時間になると、T男がお菓子を買ってきていた。

　ある日、S男が「たまにはケーキが食べたいな」と言うと、T男は「それは……ちょっと……」と口ごもってしまった。S男が不思議に思って問いただすと、実はいままでS男に渡したチョコレートやお菓子は、近所の菓子店で万引きしたものであることがわかった。T男は、S男の友達にもお菓子をあげたことが何度もあった。友達も、T男が万引きしたことは知らなかった。

背景

　S男とT男は、父子家庭で育った年子の兄弟です。父親は、子どもたちの生活費をS男に渡していました。S男は食事などの家事を担当し、弟のT男はS男からお金を貰って、おやつを用意していました。

　兄のS男は、おやつは弟のT男が店に買いに行っていたものと思っていました。ところが、本当は近所のお店で万引きをしていたのです。そうとは知らないS男や友達は、T男がお菓子を用意してくれるので、「ありがとう」と言って受け取っていました。普段から財布にお金を入れていましたから、まさか万引きをしているとは誰も思わなかったのです。

　ただし、同級生で親友のU男だけは、いままでに何度かT男が万引きをする際に、見張り役をしたことがありました。

　ある日、菓子店での万引きが見つかり、警察から学校に連絡がありました。万引きをしたT男はどうなるのでしょうか。また、事情を知らずに菓子を貰って食べたS男や友人たち、見張り役を務めたU男は、それぞれどうなるのでしょうか。

法的アドバイス

●弟Ｔ男について

　万引きは「他人の物を窃取」する窃盗罪（刑法235条）に当たります。窃盗罪の刑罰は「10年以下の懲役又は50万円以下の罰金」という重大な犯罪です。ただし刑法41条は「14歳に満たない者の行為は、罰しない」としています。Ｔ男は13歳ですので犯罪にはなりません。こうした「14歳未満で刑罰法令に触れる行為をした少年」（少年法３条１項二号）を「触法少年」といいます。警察は、関係者の任意の協力を得て調査をします。そして、本人や保護者に対する助言、学校その他の関係機関への連絡、その他の必要な措置をとります（少年警察活動規則）。

　なお、警察の調査で「保護者がいない児童又は保護者に監護させることが不適当と認められる児童」であると判断した場合は、児童相談所に通告します（児童福祉法25条）。児童相談所は警察からの通告を受理して、児童・保護者等と面接したり、心理判定等の調査をしてから、児童福祉法の「要保護児童の保護措置」を施します。また、家庭裁判所の審判により児童に対し児童自立支援施設へ入所させる等の保護処分がなされることを求める場合は家庭裁判所に送致します。

●見張り役Ｕ男について

　万引きの見張り役を務めた行為は「幇助」（ほうじょ）」（刑法62条）に当たります。しかしＵ男も13歳ですので「触法少年」の手続きをとることになります。

●兄Ｓ男と友人について

　兄Ｓ男とその友人は14歳以上と思われますので刑事責任年齢に達していますが、事情を知らずにお菓子を貰って食べたのですから、「故意」がなく窃盗罪にも幇助にも当たりません。

　なお、警察が「自己又は他人の徳性を害する行為をする性癖のあること」などの事由があり、「将来において罪を犯すおそれのある」「ぐ犯少年」（少年法３条１項三号）と判断した場合は、家庭裁判所に直接送致・通告するか児童相談所に通告するかを選択します。

　刑法、児童福祉法、少年法は、このように、児童生徒の年齢や要保護性（保護に欠けた状態）等を勘案して、児童生徒への対応（処遇）の仕方を決めます。

アドバイスを受けて

　Ｔ男とＵ男は、触法少年として警察の調査を受け、その結果によって対応が決まります。事例の家族は父子家庭で、食費等は渡されていますが、父親の監護能力は十分とは言えず児童相談所に通告されます。児童相談所はさまざまな調査・検査を行い、必要に応じて保護的措置（訓戒、反省文や誓約書の徴取、保護者への指導・助言等）を講じます。

　兄のＳ男やその友人たちは、警察で事情聴取や説諭を受けることによって、自己の行動を振り返り、必要な反省をすると思います。事情聴取や説諭には一定の教育的効果が認められていて、保護的措置と呼ばれます。

　学校は、警察から情報を得た段階で、指導内容・方法について校内で検討する必要があります。万引きという犯罪（窃盗罪）を行ったことに対する反省を迫り、今後二度と問題行動を起こさないという決意をさせる指導が重要です。父親とも話し合い、今後親としてどのように子どもたちに接していくのか、考えてもらいます。保護者と学校とが協力しながら、生徒の成長のために努力します。

25 指導に腹を立てた生徒が、壁を蹴って穴を開けた

事例

　日ごろから問題を起こすことの多いM男が、注意を受けた後、興奮して相談室を飛び出し、廊下の壁を蹴って大きな穴を開けてしまった。

　今回、授業中に前の席の生徒にちょっかいを出したため、授業担当の教員から注意された。その後、生徒指導主事から、再びこと細かく注意を受けている最中に、指導に腹を立てて廊下に飛び出し、壁を蹴ったのである。

　生徒指導を担当している体育科の教員は、普段から厳しい指導をするため、生徒たちから怖がられている。この教員の対応に立腹して、こうした行為に出たと思われる。

背景

　M男は元気の良い中学2年生で、いたずらをしたり騒いだりするため、教師から注意を受けることが多い生徒です。

　そのM男が、授業中、前に座っているS男に消しゴムをちぎって投げたり、シャープペンシルで背中をつついたりしました。S男が怒って大声を上げたため、教員が「どうした？」と聞くとS男は「M男が消しゴムを投げたりシャーペンでつついたりするんです」と答えました。生徒指導主事に伝えると、放課後呼んで注意を与えると言いました。

　生徒指導主事は、体育科の強面の教師で、厳しい口調でM男を注意しました。さらに、過去に起こした問題行動についても言及したため、M男は「もう終わったことまでもち出して、ネチネチと文句を言うなよ！」と叫んで生徒相談室を飛び出しました。その後、廊下の壁を蹴る音がしたので行ってみると大きな穴が開いていました。M男を捕まえると「離せ！ うるせーんだよ！」と興奮気味に叫びました。どのような指導をしたら良いのでしょうか？

法的アドバイス

●器物損壊罪

今回の「廊下の壁を蹴って大きな穴を開ける」行為は、刑法第261条の「他人の物を損壊し、又は傷害した」に当たる犯罪行為です。刑罰は「３年以下の懲役又は30万円以下の罰金若しくは科料」ですので、けっして軽い犯罪ではありません。

●器物損壊事件などで中等少年院送致を認めた裁判例（広島高等裁判所・平成10年２月17日決定）

少し特殊な事例ですが、中等少年院送致とした高裁決定があります。少年は、①小学校南側において空缶自動選別回収機１台などを燃やして損壊した、②警察署交番において、勝手口ドア上の天窓ガラス一式を損壊した、③神社境内において、シートカバー１枚を燃やして損壊した、④中学校校庭において養生シート２枚を燃やして損壊したなどの非行をしました。高裁は「各非行を繰り返していること、少年には不遇な成育環境等による強い不安や葛藤心があり、対人交流等を通じた社会適応が十分できない情況にあるところ、これに対する保護者の対応は十分でない」として「少年の要保護性は強く、矯正施設における適切な教育的措置により、その内面的負因を和らげて行動傾向を矯正し、健全な育成を図る必要があると認められるから、少年を中等少年院に送致した決定の判断は相当である」としました。

●壁の修理費用の負担について

民法第709条は「故意又は過失によって他人の権利又は法律上保護される利益を侵害した者は、これによって生じた損害を賠償する責任を負う。」としていますが、「責任能力はない」と判断されると責任を負いません。未成年者については、大体、小学校を卒業する12歳以上の者は責任能力があるとされています。M男は中学生ですから、一般的には責任能力が認められます。この場合、監督者は原則として不法行為責任を負担しないことになっています（民法第714条）。しかし、修理費用をM男に負担させることは現実的には無理だと思われます。

●法的な責任を理解させる

よって、M男に刑事責任も不法行為責任も負担していると理解させることが大事です。

アドバイスを受けて

M男の言い分では、生徒指導主事が、厳しい口調で何度も同じことを繰り返し注意し、さらに、過去の問題行動のことをもち出したことを怒って壁を蹴ったのです。

刑事訴訟法上「一事不再理」という考え方があります。これは、判決が確定した場合、同一事件について再び審理することを許さないことを言います。生徒の問題行動に関しても、既に指導が終わった問題を再度取り上げて注意を与えることは誤りです。

反省を迫るなら、生徒を怒らせるのではなく、落ち着いて自己を直視させるような対応が重要ではないでしょうか。壁に穴を開けた行為が器物損壊罪という犯罪行為に当たることを教えて、今後は冷静な態度をとるよう説諭し、納得させる必要があります。

壊れた箇所を放置すると、さらに破壊が進むため、破損個所を発見したら、すぐに修繕することが必要であるとの考え方が「割れ窓理論」と呼ばれるものです。小宮信夫著『犯罪は「この場所」で起こる』（光文社新書）が参考になります。

26 公園の銅像と建物の壁にペンキで落書きをした

事例

近所の公園にある銅像と管理事務所の壁に、ペンキによる落書きが見つかった。公園管理事務所はすぐに警察に被害届を出した。警察が捜査を始めたところ、「ここ数日、午後9時過ぎになると、中学生風の人物が数人、公園で遊んだり、飲み物を飲みながらおしゃべりしている姿を見かけた」との目撃情報があった。公園の防犯カメラを解析すると、中学生らしき者が3名で、銅像付近と公園管理事務所の陰に隠れたりしている様子が映っていた。手には丸い缶のようなものを持っていた。もしかしたら、この缶にペンキが入っていたのかもしれない。この件で、公園からいちばん近い本校に警察から問い合わせがあった。

背景

中学校の近くの公園には、日本庭園があって、初代町長の銅像が立っています。その横に管理事務所があります。

警察から「公園の銅像の顔に、ペンキでひげが描かれ、管理事務所の壁にも落書きが見つかりました。昨夜のうちに描かれたようです。学校では何か気づいたことはありませんか」という問い合わせがありました。

教頭と生徒指導主事が情報を集めると、2年生の担任が「数日前に、保護者から、子どもと友達2人が夜遊びをしていて困っている」との電話を受けたというのです。早速3名の生徒から事情を聴いたところ、1名の家が塗装業であることがわかりました。その生徒に話を聴くと、はじめは「知らない」と言っていましたが、警察から通報があり犯人を捜していること、街中には防犯カメラがあって、ほとんどの行動は録画されていることを伝えると「実は3人で家のペンキを持ち出して、銅像と壁にいたずらしました」と言うのです。警察に捕まれば、大きな問題になります。どうしたら良いでしょうか。

法的アドバイス

●犯罪となる可能性
器物損壊罪（刑法261条）（3年以下の懲役または30万円以下の罰金）

　刑法261条にいう「損壊」とは、物質的に物の全部又は一部を害し、あるいは物の本来の効用を失わせる行為をいいます（最高裁判所・昭和25年4月21日第二小法廷判決）。盛岡地方裁判所・平成29年9月7日判決は、「①岩手県所有の橋をスプレー式塗料で文字様のものを落書きして汚損し（損害額11万3400円相当）、②盛岡市所有の駅前公共地下道入口2か所において、その壁面にスプレー式塗料で文字様のものを落書きして汚損した（損害額合計4502円相当）行為」について器物損壊罪の成立を認め、懲役10カ月の実刑判決（刑務所に行く）を言い渡しました。

軽犯罪法違反（拘留又は科料）

　落書きが悪質なものでない場合は、軽犯罪法違反に当たる可能性があります。清掃したら比較的簡単に落とすことができるなどの落書きであれば、厳重注意処分や軽犯罪法違反として扱われる場合があります。

迷惑防止条例違反（6月以下の懲役又は50万円以下の罰金）

　例えば、東京都条例は「公衆の目に触れるような工作物にペイント、墨、フェルトペン等で暴走族の組織名や図形」を書く落書き行為は条例違反としています。

●学校としての対応
　学校から警察への個人情報の提供は、個人情報保護の観点から、大変に難しく悩ましい問題です。本事例は、生徒の行為は刑法などに触れる犯罪行為です。各地の個人情報保護条例は、「目的外提供」は、「犯罪の予防、鎮圧若しくは捜査、その他公共の安全と秩序の維持を目的とする事務の目的を達成するために利用し、又は提供する場合であって、当該目的の達成に必要な限度で利用し、又は提供し、かつ、利用し、又は提供することについて相当の理由があるとき」は許されるとしています。学校から警察への情報提供は、「生徒の非行の防止、犯罪防止及び健全育成」の目的ならば、許されると思われます。

　ただし、生徒のプライバシー権（自己情報コントロール権）を保障するために、事前の本人への通知等の配慮が必要です。

アドバイスを受けて　学校が警察に情報を提供するのではなく、学校から警察に相談するのが良いでしょう。

　具体的には、警察に、落書きをした生徒が判明したことを伝えた上で、その生徒たちにペンキを落とす清掃作業をさせること、公園管理事務所に謝罪に行かせること、今後二度と落書きはしないという誓約書を提出させること、生徒たちの行為が犯罪に当たることをしっかり自覚させて、反省させることを条件に、学校で指導するという提案をしてはいかがでしょうか。

　校内で調査した結果、生徒たちは反省して正直に話をしたのです。このことを警察に伝えて、犯罪として取り上げないで学校に指導を任せてほしいと伝えます。

　各自治体は、学校警察連絡制度を締結しています。この制度は、学校と警察が連携して、児童生徒の健全育成を目指していくものです。事例のように、生徒が反省している事案であり、悪質な犯罪行為でないなら、学校が主体となって指導を行うことが望ましいのではないでしょうか。

27 対教師暴力と正当防衛

事例

放課後「教室で生徒がけんかをしている」との通報があった。数名の教師が教室に行くと、AとXが取っ組み合いのけんかをしていた。若い体育の教師が二人の間に入って、止めようとした。するとXが止めに入った教師の胸ぐらをつかんで「邪魔するな、Aが先に手を出したんだから俺は悪くない！」と言いながら、教師に向かってきた。体育の教師は「やめなさい」と叫んで平手でXの頬をたたいた。翌日、Xの保護者は校長に「先生が暴力を振るった」と訴えた。

背景

学校生活を送る中で、けんかや言い争い等のトラブルが発生することがあります。事例では、教室内でけんかが始まり、それを見ていた生徒が職員室に通報したため教師が駆けつけました。生徒AとXはいつも仲良く遊んでいる友達です。些細なことから口論になり、AがXにつかみかかりました。Xもカッとなり反撃に出ました。そこに教師たちがやってきました。Xは、けんかを止めに入った教師に対して「胸ぐらをつかむ」行為にでました。Xはすぐにカッとなる性格の生徒です。

けんかを止めに入った教師に対してXが胸ぐらをつかんできたため、教師は自己を防衛しようとして、Xの頬を叩いてしまいました。それに対して保護者が「先生が暴力を振るった」と訴えたのです。確かに教師が生徒の頬を叩いた事実がありました。しかし、教師は「けんかを止めるためにはやむを得なかった」と言っています。生徒がけんかをしたこと自体、指導（懲戒）の対象となる行為です。ところが保護者は、理由はともかく、教師が生徒に暴力を振るったことが不満なのです。

法的アドバイス

体育の教師が「やめなさい」と叫んで平手でXの頬をたたいた行為は正当防衛です。

●体罰絶対禁止原則との関係

学校教育法第11条は「校長及び教員は、教育上必要があると認めるときは、文部科学大臣の定めるところにより、児童、生徒及び学生に懲戒を加えることができる。ただし、体罰を加えることはできない」と体罰を絶対的に禁止しています。体罰とは何かについての行政解釈は「懲戒の内容が身体的な性質のものである場合を意味する」としています（昭和23年12月22日、法務庁法務調査委員会意見長官から国家地方警察本部長官など宛回答）。懲戒として肉体的な苦痛を与える行為が体罰です。対教師暴力や対生徒暴力に対して実力で制止する行為は、そもそも体罰ではありません。

なお、学校での暴力の制止を理由にして体罰を容認する意見が聞かれますが、暴力の制止はそもそも体罰には当たりません。

●正当防衛とは何か

刑法第36条は「①急迫不正の侵害に対して、自己又は他人の権利を防衛するため、やむを得ずにした行為は、罰しない。②防衛の程度を超えた行為は、情状により、その刑を減軽し、又は免除することができる」と正当防衛を定めています。

要件は①急迫不正の侵害、②自己または人の権利の防衛、③やむを得ずにした行為（必要性、相当性）です。

●正当防衛が認められた事件

酔客を駅ホームから転落死させた女性の行為が正当防衛に当たるとされた事件が有名です（千葉地方裁判所判決昭和62年９月17日判決）。判決は、具体的な諸事情を丁寧に認定して、「女性が酔客を突いた行為は自身から酔客を離すに必要にして相応な程度を越えていたとは到底いえないところである。突いた所為は、刑法第36条１項にいう急迫不正の侵害に対して自らの身の安全に守るためやむことを得ずに出た所為と認められる」として無罪を言い渡しました。

●教師は毅然として正当防衛権の行使を

対教師暴力や他生徒暴力に対して教師は正当防衛権を毅然として行使すべきです。体罰には当たりません。

アドバイスを受けて

私たち教師は、ことあるごとに管理職から「体罰は禁止されている。体罰はいけない」と言われてきたため、生徒を叩く行為は行わないようにしてきました。ところが事例のような場合、正当防衛が認められることを知りました。いままで体罰と正当防衛の相違点について、正しく認識していなかったのではないでしょうか。

「体罰」は懲戒として肉体的な苦痛を与える行為であること、「正当防衛」は対教師暴力や対生徒暴力に対して実力で制止する行為であること、今後はこの点を十分認識した上で生徒指導にあたることが大切です。

文部科学省の説明では、教師の胸ぐらをつかむ行為は「対教師暴力」とされているので、事例のように興奮する生徒を制止するために頬を叩く行為は正当防衛として許されます。しかし、正当防衛であると思って対処した結果、ケガを負わせたりすれば「行き過ぎた行為（過剰防衛）」になるでしょう。教師はいつでも冷静に対応するよう心掛けなければなりません。

28　対教師暴力で退学処分

事例

　文化祭の準備中に、1年生のある団体が、居残り届を出し忘れたため、下校するよう言われた。準備の遅れもあり、生徒たちが口々に「俺たちも居残りをさせてほしい」と言い出した。しかし、居残りの申請は当日の昼休みまでに届け出るルールなので、教師は「それは認められない」と拒否し、腕をつかんで下校を促した。その行為に怒った生徒Bが教師の胸倉をつかんだため、教師たちが現場に行き、Bを押さえた。直ちに生徒部会を開き「対教師暴力」と認定して「退学処分」の原案を作り、翌日の臨時職員会議に提出した。この高校には、暴力やいじめを行った生徒は「退学処分」にするという内規があり、入学時から生徒および保護者に対して説明していた。

背景

　この高校は公立の工業高校です。最近ではだいぶ落ち着いてきましたが、生徒は学習意欲が乏しく、基本的な生活習慣が身についている者が少なく、日常生活は荒れています。
　文化祭は大きな行事です。当日が近づくにつれて、生徒たちも夢中になって準備に取り組むようになりました。準備期間中は、下校時刻に教師と当番の生徒が校舎内を巡回して、居残り届の出ていない団体に下校を促します。1年生は初めての文化祭ということもあって要領がわからず、思うように準備が進みません。そのような状況の中で、居残り届を出し忘れたため、下校を促され、さらに腕をつかまれたこともあって、ついカッとなり、教師の胸倉をつかんだのです。
　この工業高校は、暴力やいじめには「退学処分」とする、厳しい生徒指導を行ってきました。今回は「対教師暴力」の事案として、生徒に弁明の機会は与えられず、問答無用で「退学処分」が決められたのです。いままでの生徒指導方針を貫くためにはやむを得ないのでしょうか。

法的アドバイス

　学校（学校長）は教育専門家として生徒の懲戒処分について広い裁量権が認められ、裁判所は学校の判断を尊重しています。

●退学処分についての最高裁の判断

　裁判所は、退学処分についてはより慎重な判断を求めています。学校教育法施行規則26条3項は、退学処分の理由を「①性行不良で改善の見込がないと認められる者、②学力劣等で成業の見込がないと認められる者、③正当の理由がなくて出席常でない者、④学校の秩序を乱し、その他学生又は生徒としての本分に反した者」と具体的に定めています。この趣旨について、最高裁判所昭和49年7月19日第三小法廷判決は、「退学処分が生徒の身分を剥奪する重大な措置であることに鑑み、当該生徒に改善の見込みがなく、これを学校外に排除することが教育上やむを得ないと認められる場合に限って退学処分を選択すべきであるとの趣旨において、その処分事由を限定的に列挙し、他の懲戒処分よりも裁量の余地を狭めたものと解される」としています。

　つまり退学処分は、生徒が「改善の見込みがない」と認められる場合に限られます。

●公正で慎重な手続が必要

　学校が懲戒処分をする場合には、生徒の学習権を保障するために、公正な手続によるべきことが要求されます。とりわけ退学処分は生徒にもたらす不利益が大きいので、より慎重な手続によることが求められます。退学処分においては、処分を受ける生徒に対し処分の理由を認識させ、それに対する弁明の機会を保障することが最小限度必要です（参照：東京地方裁判所平成3年6月21日判決）。

●杓子定規の退学処分は許されない

　本件では①トラブルのきっかけが文化祭の居残りであったこと、②教師のほうが先に生徒の腕をつかんだこと、③生徒が教師の胸倉をつかんだことが「改善の見込みがなく、これを学校外に排除することが教育上やむを得ない」という理由に当たるかどうか、教師が厳格な判断をする必要があります。

　生徒の言い分を聞かず「問答無用」で退学処分を決めたことは弁明の機会の保障、公正・慎重な手続の保障の両方において不充分だと言えます。

アドバイスを受けて

　暴力行為やいじめは容赦なく退学という一方的な懲戒は、秩序を保つためとは言え、生徒の人権を考えると認められにくく、教育的でないと言えます。あらゆる手立てを講じ、それでもやむを得ず退学処分を決める際には、機械的に行うのではなく、事案ごとに精査し、厳格な判断をする必要があります。つまり、暴力・いじめを行った生徒を、退学させるほかないと言える十分な根拠がなければなりません。

　退学処分をする際に学校が求められることは、法的には弁明の機会と適正な手続を保障すること、教育的には生徒の人権や将来を考えて判断することです。そうであるなら、いままでの指導体制や意識をこれからも続けていくことはできません。退学処分によって生徒を排除するのではなく、教育の力によって問題行動を繰り返させないようにすることが重要です。退学させない生徒指導体制をつくるために、内規の改定を視野に入れた検討を始めることなどが考えられます。

29 発達障害をもつ生徒が暴力を振るった

事例

　本校は、公立の普通高校である。今年、ADHD（注意欠陥多動性障害）と診断された男子生徒Xが入学した。このXが、先日同じクラスの生徒と口論になり、拳で相手の顔面を殴ったところ、相手は鼻血を出してしまった。
　本校では、暴力行為は重大な問題行動ととらえて、進路変更の対象になる。ところが、職員会議で「障害のある生徒を健常者と同じように進路変更させていいのか」と主張する教員が現れ、会議は大いにもめた。

背景

　Xは、普段から忘れ物が多く、机やロッカー内の整理整頓ができません。何度同じ注意をしても改善できないことが多く、教師は手を焼いています。また、授業中にウケをねらった発言をするなどして、授業の流れを中断させることもあります。文字を丁寧に書くことができず、自分で書いた文字が判読できないこともあります。興奮するとカッとしやすく、物にあたることがあります。
　学校現場では、どう対処したらよいのか、教員が困る場面に遭遇することがしばしばあります。
　事例では、口論から暴力事件に発展しました。この高校では、暴力行為に対して厳しい指導を行っています。暴力行為を行うと、場合によっては進路変更（退学勧奨）をさせるとのことです。しかし、今回暴力を振るったのは、ADHDの診断を受けている生徒Xでした。この生徒に、ほかの生徒と同じことをしても指導効果があるのでしょうか。また、このような生徒に対して、内規で決めた進路変更をさせることができるのでしょうか。

法的アドバイス

●進路変更

　本件では、学校は「進路変更」と称して退学勧奨を検討し、生徒が仮に応じないときは退学処分の検討になると思われます。この退学処分の判断は、校内の事情に精通し、直接生徒の教育に当たる学校の合理的な裁量に任せられています（最高裁・昭和29年7月30日第三小法廷判決、最高裁・昭和49年7月19日第三小法廷判決）。生徒の身分を剥奪する重大な措置ですので、生徒を学校外に排除することが教育上やむを得ないと認められる場合に限って選択ができます（仙台地裁平成5年11月24日判決）。進路変更（退学勧奨）や退学処分の判断は教育的で慎重な判断が必要です。

●発達障害者支援法の理念

　この法律は、「学校教育における発達障害者への支援……等について定めることにより、発達障害者の自立及び社会参加のためのその生活全般にわたる支援を図り、もって全ての国民が……共生する社会の実現に資することを目的」とします（1条）。参議院内閣委員会の平成16年12月1日付「発達障害者支援法案に対する附帯決議」は、「発達障害児が障害のない児童・生徒とともに育ち学ぶことを基本としつつ、発達障害児及びその保護者の意思とニーズを最大限尊重すること。」としているように、発達障害児が障害のない児童・生徒とともに「育ち学ぶ」ことが大切です。

●生徒に対する安全配慮義務

　社会福祉法人が設置運営する知的障害児施設の寮に入所していた障害者が他の入所者から暴行等を受けていた事例です。判決は「危険行動や行動障害を伴う者の暴力的行動が十分に予測できるから、より一層、施設利用者の行動に意を払うべきものといわざるを得ない」として施設の安全配慮義務の違反を認めました（青森地裁平成21年12月25日判決）。この法理（障害者の行動を予測して安全を守る義務を負うこと）は学校にも当てはまります。

●教育者の叡智

　発達障害児と障害のない児童・生徒が「育ち学ぶ」ことが大切であり、進路変更は慎重になされるべきです。他方で、生徒の安全を守るために、行動には十分な意を払うべきです。この両立はたいへんに困難ですが教育者の叡智が求められます。

アドバイスを受けて

　発達障害のある児童生徒を普通学級で教育するには、生徒の行動特性を理解し、どのように接すれば良いのか研究し、学校・教師の受け入れ態勢を整えます。各学校では「特別支援コーディネーター」と称する教員を決めて、定期的に研修を受けさせています。その教師が、校内で伝達講習を行い、情報を共有し、どの教師も適切に対応ができるような体制をつくることが必要です。さらに、問題を発生させない方策を考えることも重要です。

　事例では、暴力問題が発生しましたが、直ちに内規に当てはめて「進路変更」を求めることは誤りです。なぜなら、学校の安全配慮義務違反が認められる可能性が高いからです。

　Xには、暴力で問題を解決することが間違いであることを、全ての教師があらゆる機会を利用して説明します。一般の生徒には、障害のある生徒との違いを説明して、場合によっては異なる指導が必要なことを理解させます。相手を思いやる、個性を認める等の実体験を踏まえて、共に学び、成長することの重要性を考えさせます。

30 暴力を振るった生徒に被害者の親が停学処分を求めた

事 例

　高校1年生のT男が、同級生のK男とトラブルになり、K男の顔面を殴って目の縁を切るけがをさせた。原因は、K男から繰り返し悪口を言われたため、怒って思わず殴ってしまったのだ。

　T男とK男の双方から事情を聴き、暴力事件として取り上げて、生徒指導部会で相談した結果、1週間の謹慎指導を行うという指導案をつくり、職員会議で了承を得た。

　ところが、被害を受けたK男の父親が、「暴力事件を起こしたのに何ら処分をしないのはおかしい、停学処分にしろ」と言ってきた。

背景

　T男とK男は、仲の良い友達です。しかし、普段はおとなしいT男は、活発で落ち着きのないK男から、繰り返ししつこく悪口を言われたため、ついカッとなって手が出てしまったというのです。

　双方から事情を聴いた教員は、悪口を言われて暴力を振るったことは問題だが、暴力を誘発するようなことを言った側にも問題があるとしてK男に厳重注意を与え、T男には、反省を促すために自宅で静かに自分を振り返らせることが重要と考えて、謹慎指導としました。これに対して、K男の父親が不満をもち、「暴力を振るったのだから、停学処分にしろ」と言うのです。

　高校では、生徒が問題行動を行った場合、特別指導あるいは謹慎指導と称して、自宅謹慎または登校謹慎を命ずることがあります。学校としては、懲戒処分に準ずると思って実施しています。被害者の父親は、この点をわかってくれません。どのように説明したら良いでしょうか。また、謹慎指導を行う際の留意点は何ですか。

法的アドバイス

●学校教育法が定める懲戒処分

　学校教育法11条は「校長及び教員は、教育上必要があると認めるときは、文部科学大臣の定めるところにより、児童、生徒及び学生に懲戒を加えることができる。」と定め、学校教育法施行規則26条は「懲戒のうち、退学、停学及び訓告の処分は、校長（略）が行う。」と定めています。この懲戒処分は「法的効果を伴う懲戒」で、指導要録に記載し、教育委員会に報告します。

●自宅謹慎または登校謹慎の「懲戒」

　文部科学省の「高等学校における生徒への懲戒の適切な運用の徹底において（通知）」では、高校の取組についての調査結果について、「校長による説諭等」「学校内謹慎」「別室指導」「自宅謹慎」などを「事実行為としての懲戒」としています。

　被害を受けたＫ男の父親には、①「自宅謹慎」は「事実行為としての懲戒」であること、②「懲戒」にするかどうかの判断は、学内の事情に明るく、直接教育を行う者である校長の合理的な裁量に委ねられていることを説明して理解を得るようにしてください。

●謹慎指導の留意点

　「事実行為としての懲戒」は、憲法31条の「適正手続の保障」の立場から次のことに留意してください（前記の文部科学省の通知参照）。

①生徒への懲戒に関する内容および基準について、あらかじめ明確にすること。

②生徒への懲戒に関する内容および基準について、生徒や保護者等に周知することを徹底すること。

③懲戒に関する基準等の適用および具体的指導について、その運用の状況や効果等について、絶えず点検・評価を行うよう努めること。また、必要な場合には、その見直しについても適宜検討すること。

④懲戒に関する基準等に基づく懲戒・指導等の実施に当たっては、その必要性を判断した上で、十分な事実関係の調査、保護者を含めた必要な連絡や指導など、適正な手続きを経るように努めること。

アドバイスを受けて

　懲戒を行う場合、指導要録に懲戒の記載が残らないように配慮し、停学や退学を避けて「謹慎指導」や「自主退学」とする高校が多いようです。事例の高校は、入学時に生徒指導の基準を保護者に説明しました。しかし、暴力を振るわれたため、保護者は厳しい処罰を求めたのです。

　苦言を呈する保護者には、「謹慎指導」が「事実行為としての懲戒」処分であることを伝えましょう。また、両者が普段は仲良しであること、生徒にとって必要な指導内容・方法を検討したことを説明し、処罰すれば良いわけではないことを理解してもらいます。

　謹慎指導では「自宅謹慎」よりも「登校謹慎」のほうが指導効果が上がります。別室で課題を与え、一日を過ごす間に、いろいろな先生がやって来て勉強を教えたり、反省文を読んだ教員がさらに突っ込んだ質問をしたりして、生徒に反省を迫るのです。この指導方法により、学習権は保障され、多くの教員による多面的な指導を行うことになり、生徒の反省は確実に深まるはずです。

3　児童・生徒の問題行動と暴力・非行

31 生徒が万引きをして捕まった
―少年法に基づく処遇と学校の対応法

事例

　私のクラスの生徒M男（公立高校2年生17歳）が、他校の生徒たち3人と一緒に万引きをして警察に逮捕された。現在、少年鑑別所に入れられている。この生徒は校内で問題を起こしたことがなく、先生方は皆驚いている。担任としては、退学だけは避けたいと思っている。学校としては退学処分を検討しているが、生徒部会では生徒の処分について意見が分かれて一致できなかったため、臨時職員会議を開いて検討した。職員会議でも意見が分かれて、結論が出ない状況だった。このような事例に対して、どう対処したらよいのかわからない。今回の事件は、保護者から担任に相談があったために発覚した。

背景

　M男は高校2年生の4月からアルバイトを始めました。ある日、アルバイト仲間の一人が「この間、コンビニで商品をポケットに入れて出てきたけど、まったく気づかれなかったぜ」と万引きの自慢話をしていました。皆、興味をもって聞いていました。すると一人が「俺たちもやってみようぜ」と言い出しました。M男は「まずい」と思いましたが、嫌と言えずに行動を共にしたところ、万引きしたのが店員に見つかり、警察に通報、逮捕されました。逮捕された4人のうち、2名は補導歴がありました。M男はいままで問題を起こしたことはありません。しかし、4人が共謀して万引きをしたということで、全員家庭裁判所から少年鑑別所に送られました。
　職員会議では「窃盗をしたのだから、厳しく処分すべきだ」という意見と「嫌々ついていったのだから、特別指導（謹慎指導）を行うほうがよい」という意見にわかれました。
　法律では、万引きをした生徒にどのような対処をするのでしょうか。学校はどうしたらよいのでしょうか。

法的アドバイス

　少年法は、「少年の健全な育成を期し、非行のある少年に対して性格の矯正及び環境の調整に関する保護処分を行う」ことを目的としています（1条）。少年は、社会的に弱い立場にあり、傷つきやすい反面、成長の過程にあるので、少年事件の手続きは「医学、心理学、教育学、社会学その他の専門的智識」（9条）を活用しながら、それぞれの少年に応じた適切な援助を行うことが目指されています。

●少年事件の手続き

①少年鑑別所

　少年たちが非行に走るようになった原因や、今後どうすれば健全な少年に立ち戻れるのかを、医学、心理学、教育学、社会学などの専門的知識や技術によって明らかにします。少年は大変に不安です。先生方も少年に鑑別所で面会ができます。是非とも少年と面会をして立ち直りに際し、勇気づけていただきたいと思います。

②家庭裁判所調査官の調査

　家裁調査官は、少年との面会、自宅訪問、保護者との面会、学校訪問や教員との面会などを行い、非行の原因や今後どうすれば良いかを調査します。先生方は調査官に積極的に会って意見交換をしていくことが大事です。

③家庭裁判所の審判

　家裁裁判官が調査官調査などを踏まえて少年の処分を決定します。家裁は学校の意見を大切にします。この審判に学校の教師は出席することができます。

●生徒の成長の支援を

　少年非行の多くは一過性のものです。今回は保護者から担任に相談があったとのことですので保護者は学校を信頼しています。この保護者の信頼に応えて、生徒の成長の支援をしていくのが教師の役目ではないでしょうか。

アドバイスを受けて

　教員が少年鑑別所で生徒に面会ができること、家裁の審判に出席できること、裁判所が学校の意見を尊重してくれることがわかりました。また、保護者が学校を信頼しているとの指摘がありました。確かに、学校に相談すれば万引きをしたことが知れて、何か処分があることは予想したはずです。それでも保護者は学校に相談したのですから、このことは重く受け止めなければいけないでしょう。

　生徒指導部は管理職と相談して、M男の指導方針を固める必要があります。アドバイスに従って、M男の立ち直りを援助することが決まれば鑑別所に行き、M男に面会して、現在のM男の心情を聞きます。そして、審判に出席して、学校としてM男をしっかり指導することを調査官や裁判官に伝えます。そうすれば、きっとM男にとって一番良い審判結果が得られると思います。事件を契機に、校外で問題行動を行った生徒の指導について考えさせられました。万引き＝退学ではなく、学校は生徒を立ち直らせるための指導法を考えるべきでしょう。

32 家出、飲酒・喫煙を繰り返す生徒の指導

本校は生徒指導困難校と呼ばれている公立高校である。

先日、保護者から「うちの子が、最近夜家に帰ってこないことがあります。学校へは行っているのでしょうか。また、洋服がタバコ臭いこともあります。学校で何か問題をおこしていないでしょうか」という電話が担任にあった。担任が出席簿で確認したところ、その生徒は、遅刻をすることはあるがほぼ毎日登校していた。保護者が言うには、いわゆる「プチ家出」という様子だった。

担任はすぐに学年主任に報告して、この生徒の指導をどうするか、学年会にかけて相談した。

背景

　T男は、高校2年生です。1年次は成績不振で、やっとのことで仮進級しました。しかし、学校生活に対して真面目に取り組んでいるとは言えません。保護者からの問い合わせでわかったことですが、どうやら父親との関係が悪く、家では父親と口をきくことがないようです。父親は厳格で、T男の生活態度が気に入りません。そのため、いつも小言を言っていました。ついにT男は嫌気がさして、家に帰らないようになりました。T男は友人の家を泊り歩いているのです。しかし、学校だけは卒業しないといけないと考えていて、登校しています。

　T男に関して学年会で話し合ったとき、国語科の女性教師が「タバコのにおいがした」と話していました。また、飲酒の疑いもあるようです。

　家出を繰り返したり、飲酒喫煙をする生徒（未成年者）に対して、処罰する規定は法律にないと聞きましたが、それでは指導ができません。教師はこの法律をどのように理解して、生徒指導を行ったらよいのでしょうか。

法的アドバイス

●「家出や飲酒・喫煙」自体は非行ではない

少年法3条は「非行少年」を①「罪を犯した少年」（犯罪）、②「14歳に満たないで刑罰法令に触れる行為をした少年」（触法）と定めています。ところで、未成年者飲酒禁止法と喫煙禁止法は、飲酒や喫煙をした少年（生徒）を処罰するのではなく、事情を知りながら制止しなかった親権者である親等や教員・上司を処罰（科料）します。少年の飲酒・喫煙は、「犯罪」でも「触法」でもありません。

ただし、注意がいるのは、「ぐ犯」すなわち「次の事由があつて、その性格又は環境に照して、将来、罪を犯し、又は刑罰法令に触れる行為をする虞のある少年。イ　保護者の正当な監督に服しない性癖のあること。ロ　正当の理由がなく家屋に寄り附かないこと。ハ　犯罪性のある人若しくは不道徳な人と交際し、又はいかがわしい場所に出入すること。ニ　自己又は他人の徳性を害する行為をする性癖のあること。」です。

家庭裁判所は、少年が喫煙、飲酒の行為を続けたり、家出を繰り返していると、「ぐ犯」として、保護処分（保護観察、児童自立支援施設又は児童養護施設送致、少年院送致の3種類）を出すことがあります。

●不良行為として警察が補導

少年警察活動規則2条1項の六は、「非行少年には該当しないが、飲酒、喫煙、深夜はいかいその他自己又は他人の徳性を害する行為（以下「不良行為」という。）をしている少年」を「不良行為少年」としています。従って、飲酒や喫煙をしていると、警察が補導することはあります。

●学校での指導が基本

未成年者の飲酒は、発達段階にある脳の神経細胞への影響が大きく、成長障害、性腺機能障害の危険が高まり、さらに、肝臓や膵臓などの臓器障害にも陥りやすい上、アルコール依存症にもなりやすいのです。青少年期に喫煙を開始すると、がんや虚血性心疾患などの危険性がより高くなります。肺がんでは、20歳未満で喫煙を開始した場合の死亡率は、非喫煙者に比べて5・5倍となっています（厚生労働省）。学校では、飲酒や喫煙の健康問題について、指導することが重要だと思われます。

アドバイスを受けて

未成年者飲酒禁止法と喫煙禁止法は、飲酒喫煙をした生徒（未成年者）ではなく、制止しなかった親や教員、上司を処罰するものです。生徒の喫煙や飲酒を発見した場合、教員として指導をするのは、法的に当然のことといえます。また、「不良行為（飲酒喫煙、さらに家出やケンカ等も含まれます）」については犯罪ではないということを理解して、警察に委ねる前に学校が指導すべきでしょう。

法律は未成年者の飲酒喫煙を禁止していますから、罰則規定がなくても「ルール違反」に対する指導は必要です。さらに、生徒の健康を守るための指導も忘れてはいけません。健康増進法第25条の4では、受動喫煙（人が他人の喫煙によりたばこから発生した煙にさらされることをいう）の防止を求めています。喫煙行為が、本人だけでなく、他人の健康をも害するからです。この点を含めて生徒に理解させることが重要です。

また、飲酒喫煙をした生徒は「ぐ犯少年」として補導される可能性があります。学校としては、そうなる前の指導が大切です。

33 家裁から学校照会がきた

事例

　先日、家庭裁判所から卒業生に関する「学校照会」がきた。担当の家庭裁判所調査官から送られてきた文書には「卒業生Ｘが傷害事件を起こしたので、在学中の成績や生活態度等につき、詳しく報告してほしい」と書いてあった。しかし、３年前に卒業したＸのことを知る教員のほとんどは異動しており、残っているのは美術の非常勤講師だけだ。

　「学校照会」に対して、どの程度回答すべきなのか。個人情報の保護が叫ばれている昨今、簡単に卒業生の個人情報を伝えて良いとは思えない。学校からの情報によって卒業生が不利に扱われても困る。また、誰が書いたら良いかもわからない。

背景

　美術講師によると、Ｘは在学中からしばしば問題行動を起こしていました。特に中学３年生の２学期ごろは荒れていて、他校生と「タイマン（一対一でケンカすること）」を張ったり「カツアゲ（脅してお金を巻き上げること）」をしたりしていました。３学期に入り、高校進学が目前に迫ると、ようやく落ち着きを見せるようになりました。Ｘは工業高校への進学を希望し、なんとか合格できたのですが、２学期初めに中退したそうです。

　そのＸが傷害事件を起こしたのです。管理職と教務主任が相談し、既に卒業した生徒のことなので、学校としては必要最低限の回答をすれば良いとの結論に達しました。それでも疑問点があります。第一に、学校は家庭裁判所に必ず回答しなければならないのでしょうか。第二に、記載する内容が個人情報に関わるものですから、どの程度詳細に記入したら良いのでしょうか。第三に、ＸおよびＸの保護者に対して、家庭裁判所から「学校照会」がきているため、回答する旨を伝える必要があるのでしょうか。

法的アドバイス

●学校照会

　家庭裁判所は少年の非行事件について、非行の事実だけではなく、少年の出生から現在に至るまでの成長の経過を詳細に調査します（少年法8条）。この調査のために、同法は、「家庭裁判所は、（中略）公務所、公私の団体、学校、病院その他に対して、必要な協力を求めることができる。」としています（16条2項）。この家裁の協力依頼は、法律に基づくもので、学校は応じる法的義務を負います。

●個人情報保護との関係

　個人情報保護法や各地の個人情報保護条例は、目的外の利用・提供禁止の例外規定として、「法令等に定めがあるとき」と定めています。少年法は、この「法令等」に当たりますから、家庭裁判所からの照会に対して回答することは個人情報保護法や個人情報保護条例に違反することにはなりません。また、家庭裁判所から「学校照会」がきても、少年本人や保護者に対して、回答する旨を伝える法律上の義務はありません。

●学校照会書の扱い

　学校照会書は、家庭裁判所では、警察・検察の調書などがつづられている「法律記録」でなく、「社会記録」と呼ばれるファイルにつづられます。弁護士などの「少年事件付添人」は「社会記録」を見る（閲覧する）ことはできますが、謄写（コピー）することは認められていません。家庭裁判所裁判官、調査官、書記官や付添人（弁護士など）は、本人と学校との信頼関係を壊さないために学校照会書を慎重に扱うよう努めています。また、以前には学校照会書が外部に漏洩して大問題となったことがありましたが、現在は家庭裁判所や弁護士は少年の個人情報の保護に細心の注意を払うようにしています。

●学校照会書の記載について

　学校照会書にどこまで詳細に記載するかについて、目安があるわけではありません。「背景」にあるような「高校進学が目前に迫ると、落ち着きを見せるようになった」ことは、家裁に伝えていただきたい情報です。書面での回答がしにくい場合には、口頭で伝える方法もあります。

アドバイスを受けて

　学校は、家庭裁判所の「学校照会」に答える法的義務を負っているので、誠実に回答する必要があります。一般的には担任が回答しますが、異動していませんので、教務主任が代わって回答（記載）します。

　個人情報の保護についても、例外規定に当たるため、問題はありません。

　回答には、生徒指導要録を参照します。その際、要録の記載事項をそのまま転記するのではなく、照会事項について必要最低限の事柄を記載します。その他、Xに関する客観的な情報（成績、欠席・遅刻日数等）および特筆すべき良い点を記します。

　学校が家裁に報告した内容が本人および保護者に伝わることはないでしょう。ただし、少年審判の過程で明らかになる場合として、保護者が付添人になり、学校照会書を閲覧するケースがあります。

　卒業生Xが不利に扱われるか否かという点は心配ないと思います。むしろ、正しい情報を伝えることで、適切な審判が行われ、必要な処遇がなされることになるからです。

34 先輩からカンパを集めるように言われた

事例

卒業生のB男が学校に来て3年生のX男に会い、カンパを集めるよう指示したことがわかった。

最近、「友達の家に行ってくる」と言っては夜外出する我が子を不審に思った母親が問いただすと「先輩からカンパを集めるよう言われて、友達と相談していた。先輩は怖くて、言うことを聞かないと何をされるかわからない」ということだった。

X男の保護者から「子どもがカンパを集めるように言われて困っている」と担任に連絡があり、発覚した。

背景

ある日の放課後、今春、本校（公立高校）を卒業したB男が遊びに来ました。職員室でB男と話をした後、「3年のX男に用事があるから教室に行ってもいいか」と聞かれた元担任は「いいよ」と許可しました。

B男は、X男を捜し出し「10日以内に5万円集めてこい」と命じました。X男はやむなく、友人数人に「一人5000円ずつ集めるよう」指示を出しました。5日後、まだ2万円しか集まらず、困ってB男に連絡すると、「期限内に集めろ」と言われました。

B男とX男は、昨年まで同じ部活に所属していて、部活以外でも一緒に行動していました。B男たち先輩が卒業すると、次第に疎遠になりました。しかし、今回B男はお金が必要になり、後輩たちのことを思い出し、カンパの要請をしたのです。学校が調査した結果、かかわった人数は、3年生5人、2年生8人の合計13人であることがわかりました。

生徒および卒業生に対して、どのような指導や対応をしたら良いでしょうか。

法的アドバイス

横浜市原発避難者いじめ問題で、市教育委員会が「金銭授受をいじめと認定できない」としながらも、その後に市長と市教委がいじめと認めて謝罪したことは記憶に新しいところです。学校でカンパを集めることはいじめである疑いがあります。

●文部科学省の「いじめの重大事態の調査に関するガイドライン」

いじめ防止対策推進法が2013年9月に施行され、28条1項は、学校の設置者又は学校は、いじめの「重大事態」について速やかに組織を設け、適切な方法により当該重大事態に係る事実関係を明確にするための調査を行うものとするとしました。文部科学省は、いじめの深刻な事態を受けて2017年3月に「いじめの重大事態の調査に関するガイドライン」を策定しました。

●金品等の重大な被害は「重大事態」

「ガイドライン・別紙」は「いじめ（いじめの疑いを含む。）により、以下の状態になったとして、これまで各教育委員会等で重大事態と扱った事例」を示し、「例示であり、これらを下回る程度の被害であっても、総合的に判断し重大事態と捉える場合があることに留意する。」としています。「金品等に重大な被害を被った場合」について「○複数の生徒から金銭を強要され、総額1万円を渡した。○スマートフォンを水に浸けられ壊された。」を例示しています。事例は、卒業生からカンパを集めるように言われ、合計13人の生徒がかかわったのですから、「重大事態」と受けとめることが大事です。

●調査は被害者を守ることを最優先に

「ガイドライン」は調査について、①重大事態の発生報告、②調査組織の設置、③被害児童生徒・保護者等に対する調査方針の説明、④調査の実施、⑤調査結果の説明・公表を定めています。調査方法については、被害者・保護者に説明をすると同時に、意見を聞くことにしています。

調査に当たっては、被害者やいじめに係る情報を提供してくれた児童生徒を守ることを最優先し調査を実施することが必要です。加害者からも調査対象の事実関係について意見を聴取し、公平性・中立性を確保することが求められます。

アドバイスを受けて

カンパを集めることは、いじめの一類型に当たる重大事態です。学校は全校体制を組んで、速やかに対策を講じる必要があります。

留意点は、生徒の安全を守ることです。カンパについて、学校が調査を開始したことがB男に知られないようにします。また、教育委員会に報告し、協議しながら調査を進めます。相談する関係機関には、①教育相談センター、②児童相談所、③警察、④補導センター、⑤家庭裁判所等がありますが、内容によって、相談先が異なります。事例の場合、B男は卒業生で学校を離れているため、学校がB男に対して調査や指導を行うことは困難です。また、恐喝などの犯罪に発展することも考慮して、警察に相談するのが良いでしょう。カンパの期限が迫っていますので、「学校警察連絡制度」を活用して、学校・教育委員会・警察が連携して対応します。

在籍中のB男の素行を考えれば、後輩に何かを要求することが考えられたはずです。元担任が一緒にX男のところに行くなどの配慮をするべきでした。

35 試験観察とは何か

事例

　2学期の中間考査で赤点をとったS男に、来週の月曜日の放課後、追試を行うから受けるように伝えた。すると「その日は用事があるから試験は受けられない」という。どのような用事か尋ねると、詳しいことは言えないと口ごもった。何か正当な理由があるなら追試を延期するが、そうでないならその日の放課後に受けなさいと伝えた。

　担任からは「実はS男はこの日、家庭裁判所で審判が開かれるので、そちらに行かなければならないのです」と言われた。

　夏休み中にお祭りで絡まれた高校生とけんかになり、相手にけがを負わせて警察に逮捕されたのだ。この事件のために、現在、試験観察中とのことだった。

背景

　本校は夜間定時制高校で、入学した生徒は、不登校・引きこもり経験者、全日制高校中退者、高齢者、外国籍の者など、多様な生徒が一緒に学んでいます。

　S男は、昨年、全日制高校を退学して本校に転校してきました。周囲の生徒とすぐに打ち解けて、担任としては安心していました。しかし、夏休み中にトラブルを起こして警察に逮捕され、現在、家庭裁判所で審理が進められています。

　9月1日の始業式に登校していたので、事件は解決したものと考えていました。ところが、在宅のまま試験観察中だったのです。約3カ月間の試験観察が終了し、審判が開かれるため、追試が受けられないというのです。理由が判明したので、追試は延期することにしました。

　いままで、保護観察、児童自立支援施設送致、少年院送致という言葉は聞いたことがありましたが、試験観察という言葉は聞いたことがありません。どのような制度なのでしょうか。

法的アドバイス

●試験観察とは

　家庭裁判所は、保護観察、児童自立支援施設送致、少年院送致の保護処分を決定するために必要があると認めるときは、相当の期間、少年を調査官の観察に付することができます（少年法25条1項）。

●家裁が試験観察にする場合

　①保護観察中の再犯で少年院送致も考えられるが、最後のチャンスとして試験観察をする、②非行の事実は重大ではないが、適切な保護者がいない、帰る場所がない、③交友関係を良くするために転居や転校を予定しているが、時期が数カ月先になる場合など。

●補導委託とは

　試験観察には、在宅試験観察と補導委託があります。家庭裁判所は、試験観察で、少年を適当な施設、団体又は個人に補導を委託することができます（少年法25条2項3号）。補導委託には、少年をそれまでの住居で生活させながら補導だけを委託するものと、住居を施設、団体又は個人に移して補導を委託するものがあります。試験観察が相当ですが、家庭環境や交友関係に問題があり、すぐに家庭に戻すことが難しい場合に行われます。補導委託先は、家庭裁判所に登録された民間ボランティアで、個人の家庭や自営業者、更生施設や自立援助ホームなどの施設です。

●試験観察中に行われること

　事例は在宅試験観察だと思われます。審判が終わると少年は保護者と一緒に調査官と面接し、遵守事項を決め、今後の目標や生活の注意事項を確認します。試験観察中は、少年は一人か保護者と一緒に家庭裁判所に行って調査官と面接をします。観察方法は調査官によってさまざまで、自宅や職場を訪問して少年や雇用主と面談したり、日記を書かせたり、ボランティア活動に参加させたりします。その期間は事情によって異なり、数カ月程度もあれば1年以上の場合もあります。

●試験観察後の審判

　試験観察後の審判では、試験観察中の少年の様子を踏まえて、最終的な保護処分が決まります。事例の審判は、この試験観察後の審判です。この審判は少年の試験観察中の頑張りを家庭裁判所に見てもらう機会なので、追試を延期したことは適切です。

アドバイスを受けて

　非行少年の更生のために、家庭裁判所調査官は徹底して少年の資質能力、生活態度、将来性等を調査して、さまざまな働き掛けをしていることがわかりました。

　事例の高校では、生徒が校外で問題を起こした場合、職員会議で報告をしています。Ｓ男が警察に逮捕され、家庭裁判所に送られ、さまざまな調査を受けていることは、全教員に伝えました。審判結果も職員会議で報告します。しかし、途中の様子や状況は担任もなかなか知り得ません。Ｓ男が試験観察中であることを、担任も知りませんでした。追試の連絡を受けた際に、Ｓ男から担任に試験観察中であることが伝えられたのです。

　事例のような高校では、こういった生徒がいることもあるため、生徒指導担当と教科担当で「試験観察」の受け止め方に温度差が出ないよう、非行少年の処遇について、担任をもっていない教職員も知る機会をつくることが重要です。

　無料の出前授業を実施している弁護士会があります。活用してはいかがでしょうか。

36 いじめ自殺裁判から学ぶ

平成17年10月、県立中学校2年生の女子生徒Y子さんがマンションの屋上から飛び降り自殺をした。死亡後、Y子さんの机の引き出しからノートを破った紙に書かれた遺書が見つかった。

両親は真相を知りたいと思い、学校に調査を依頼した。複数の生徒がいじめを目撃していたのだから、学校側からいじめについて何らかの説明があると思っていたが、「自殺の理由はわかりません」との回答しか返って来なかった。両親は回答に納得がいかず、真相を解明するため提訴した。平成24年7月9日「自殺の原因になるようないじめがあったとは認められない」として、遺族の訴えを退く判決が言い渡された。

背景

遺書には「死んだのは、クラスの一部に勉強にテストのせいかも」と書かれていました。両親はクラスの生徒から、「同級生が〝ウザイ〟〝キモイ〟と話しているのを聞いた」、普段敬語を使っていることに対して「〝敬語は使わないで。ウザいんだ〟と言われ、泣きそうになっていた」「入学直後から悪口を言われていた」等の証言を得ました。

そこで自殺の原因を解明するため、担任に遺書を見せて、調査を依頼しました。全校アンケートや悪口を言ったとされる生徒との対面調査から2カ月後、市教委は両親に「いじめはなかった」と報告。学校側は、「Y子さんにキモイと言った生徒はいたが、いじめではない」と説明し、靴を隠されたことは、「Y子さんだけでなく、複数人を対象とした悪ふざけ」と断定しました。裁判でも、「いじめによる自殺」とは認定されませんでした。

いじめ自殺裁判における因果関係や損害賠償額の算定基準とは、どういうものなのでしょうか。このほか、教師が知っておくべきことはなんでしょうか。

法的アドバイス

　「いじめ自殺裁判」は通常、民事裁判で損害賠償を請求します。その際に問題になるのは、いじめと自殺との間の①相当因果関係と、賠償額に関わる②過失相殺の２点です。

●自殺に関する判例理論の到達点

　交通事故でむち打ち症になった被害者が自殺をした事件で、最高裁平成５年９月９日判決は、「本件事故の態様が大きな精神的衝撃を与えた」として、「本件事故と自殺との間に相当因果関係がある」としました。ただし、「被害者の心因的要因が寄与しており、その損害額の八割を減額」した一審の東京地裁の判断を認めています。

●いじめ自殺の福島地裁いわき支部平成２年12月26日判決をめぐって

①相当因果関係について

　中学生のいじめによる自殺について、判決は「逃げ場のないままに、苛烈で執拗ないじめに曝されて続けてきたのであるから、これによって心身共に深く傷つき、苦悩してきたであろうことは容易に推察されるところ、いかに、若々しい生命力に溢れている中学生といえども、その主要な生活関係である学校生活の場で、このように自己の全人格や人間としての存在基盤そのものが否定されるようないじめを受け続けていたのでは、生きる意欲を失い自らその生命を絶つという挙に出たとしてもあながち不可解ではない」として、「いじめと自殺との因果関係は明白である」としました。

②過失相殺について

　判決は、学校側の責任を３割、被害者側の責任を７割としました。保護者の責任については、「家族の問題点も自殺を招き、あるいは自殺を阻止しえなかった要因をなしている」として３割の責任を認め、本人については「自殺という最悪の解決方法を選択してしまったこと自体について、一定の責任を負うべき」であるとして４割の責任を認めました。なお、親の責任と学校の責任を同等に認めています。

　いじめは学校を舞台として行われることが多く、学校の責任は重いと思いますが、この判決には、親の責任を学校と同等に認めたことや、本人の責任を学校以上に認めたことに強い批判があります。

アドバイスを受けて

　法的アドバイスの中で「相当因果関係」という言葉がありました。新聞報道などで「因果関係の有無」という表現を見かけますが、いじめ自殺裁判では、さらに強い因果関係の有無が判断の基準にあり、自殺といじめとの間の相当因果関係の認定基準のハードルはかなり高いようです。

　「過失相殺」の意味を知って、何か釈然としない気持ちです。自殺した生徒は、いじめられていて苦しくて辛くてどうしようもない状況の中で自ら死を選んだのです。自殺した生徒に対して一定の責任を負わせるというのは、あまりにも酷です。しかし、これが自殺に関する判例理論の到達点です。生徒には、裁判では自殺した生徒の責任さえも問われるという現実を教え、万一のときには死を考える前に、信頼できる大人に必ず相談をするよう日頃から指導したいものです。

　学校・教師に対する不信感から裁判に訴えるケースが増えています。そうならないためにも、教師はさまざまな情報をキャッチできるアンテナをもつ必要があると言えます。

37 いじめの加害者はどのような罪に問われるのか

事例

　中2の男子生徒M男が、中1のころから長期間にわたって同級生5、6人からいじめられていることがわかった。父親が、M男の様子が変だと思い、問いただしたところ、「金を持ってこい」と言われ、無視すると殴られたと言う。複数の同級生から殴られたり蹴られたりするため、M男は、やむなく家の金を持ち出して渡していた。
　学校では、からかわれたり持ち物を隠されたりした。放課後になると、暴力だけでなく、使い走り（パシリ）や一発芸を強要されたりしたとも話す。
　父親は「加害者は許さない。警察に訴える」と言っている。

背景

　M男は、中1の終わりごろから同じクラスの生徒3人といつも一緒に遊んでいました。ある日、誰かが「喉が渇いた。ジュースが飲みたいけど、お金がないや」と言うのを聞いたM男は、ポケットに500円持っていたので、みんなにジュースをおごってあげました。その後、頻繁に「おごってよ」と言われるようになりました。小遣いは1カ月2000円です。4人でジュースを飲めば、あっという間になくなってしまいます。「もう金がない」と言うと、「何とかしろよ」と言って聞きません。無視すると、殴られたり蹴られたりしました。M男は、やむなく家のお金を持ち出すようになりました。M男が中2になるころ、お金が足りないことに気づいた父親が、M男に詰問したところ、いじめられて、家のお金に手をつけたことがわかりました。
　学校は、どのような指導をすべきでしょうか。また、父親は訴えると言っていますが、どうしたら良いでしょうか。加害生徒たちは、どのような罪に問われるのでしょうか。

法的アドバイス

いじめは、刑法の犯罪に当たる場合があります。

●犯罪の法律の定義

犯罪は、刑法などの法律が定める行為に当たり、正当防衛などに当たらず、刑事責任年齢に達しているなど責任があることを言います。これを刑事法学の言葉では「構成要件に該当する違法・有責の行為」といいます。

●強盗罪と恐喝罪

強盗罪は、暴行又は脅迫を使ってお金などを強取することです（刑法236条）。裁判所の判例によると、強盗罪の「暴行又は脅迫」は被害者が反抗できないほどの程度が必要です。M男が反抗できないほどの暴行又は脅迫を受けた場合は強盗罪に当たります。罪の重さの定めは「5年以上20年以下の懲役」という重罪です。

恐喝罪は、暴行又は脅迫を使って被害者を怖がらせてお金などを渡させることです（刑法249条）。M男が怖がってお金を渡したときは恐喝罪に当たります。罪の重さの定めは「10年以下の懲役」です。

●使い走りや一発芸の強要は強要罪

強要罪は、生命、身体、自由、名誉もしくは財産に対し危害を加えることを告げて脅迫し、又は、暴行を使って人に義務のないことを行わせることです（刑法223条）。使い走り（パシリ）や一発芸は強要罪に当たり、罪の重さの定めは「3年以下の懲役」です。

●刑事責任年齢は14歳

刑法は刑事責任年齢を14歳としています（刑法41条）。中学2年生で、14歳になった生徒が強盗罪などに当たる行為をすると「犯罪少年」となり、警察の捜査では逮捕・勾留の身柄拘束の可能性があります。捜査が終わると家庭裁判所の保護手続きです。14歳未満の生徒は「触法少年」で児童相談所の手続きになります。

●暴力を伴ういじめや恐喝行為は犯罪

いじめは、暴力や恐喝による場合は刑法などの法律に違反する犯罪であることを教員は自覚して指導することが大事です。

●リスク・マネジメント

学校は、「犯罪」に発展する前に予防的な生徒指導（「リスク・マネジメント」＝開発的・予防的危機管理）を行うことが重要です。

アドバイスを受けて

生徒たちが、度を越した悪ふざけをしたり追いかけ回したりする場面を見ても、「ふざけ合っている」とか「じゃれ合っている」と考えてしまい、犯罪行為に当たる場合があるという認識に欠けていました。

これからは、単に「いじめ」ととらえるのではなく、「犯罪行為」かどうかを判断して、生徒の指導を行う必要があります。

学校で起きた問題は、校内で解決したいと考えるのが一般的です。事例の父親は警察に訴えるかもしれません。父親が訴えて、犯罪と認定されれば、加害生徒は学校の手を離れてしまう可能性があります。しかし、学校が警察に協力しながら問題解決にいたる場合もあります。警察との連携を視野に入れながら、校内指導体制の確立を図り、併せて在校生に対する予防的な生徒指導を行います。話し合い活動や講演会の開催などが有効です。

「いじめ防止対策推進法」の基本方針が改訂され、情報共有を怠れば、法律に「違反し得る」と明記されました。学校の責任はますます重大です。

38 ネット上のトラブルにどう対応するか

事 例

　B子は、SNSが原因で不登校になった。保護者からの相談やアンケートによると、友人のK子が悪口を書き込んだり、学校で無視したりするので関係が悪化して、学校に行きたくなくなったと言う。さらに、その内容が拡散され、友人に広く知られることになり、ますます学校に行くことができなくなった。

　ところが、K子から事情を聴くと、先にB子がチャットアプリを使って、クラスのグループにK子の悪口を書き込んでいたことがわかった。

背景

　本校は地方都市にある公立中学校で、年に3回いじめに関するアンケートを実施しています。先日、今年度2回目のアンケートを実施したところ、2年生のB子から「最近、無視されている」との回答がありました。事情を聴いたところ、いままで一緒にチャットアプリを使ってやり取りをしていたK子から連絡がぷっつり途切れたというのです。学校で顔を合わせてもあまり話をしなくなり、最近は目を合わせないようにすると言います。明らかに無視されている状態です。

　翌日、K子にも聴いてみると「先にB子が私の悪口を書いたのが悪い」と主張するのです。この点をB子に尋ねると「以前、友達5人で遊びに行ったとき、K子が遅刻したため予定の電車に乗れず、遊園地に着いたのも予定より1時間近く遅くなってしまった。それで、みんなに『K子は時間を守れない。時間通り行動できない子だ』とチャットアプリで伝えた」というのです。

　このような人間関係のトラブルに、学校・教員はどう対応したら良いのでしょうか。

法的アドバイス

●増加するネット上のトラブル

「ネット上のいじめ」の特徴は、①不特定多数の者から、絶え間なく悪口を言われ続け、短期間でも被害は極めて深刻です。②匿名性のため安易に誹謗・中傷の書き込みが行われ、子どもは被害者にも加害者にもなります。③加工が容易にできることから、誹謗・中傷の対象として悪用されやすく、一度流出した個人情報は、回収することが困難ですし、不特定多数の他者からアクセスされる危険性があります。④保護者や教師などの身近な大人でも、子どもの携帯電話で「ネット上のいじめ」の実態を把握することは難しいのです（文部科学省「ネット上のいじめ」に関する対応マニュアル・事例集より）。

●犯罪になる危険性

「悪口」の拡散は、度が過ぎると犯罪になります。事実を指摘して名誉を害すると名誉毀損罪（刑法230条）、事実を指摘しなくても人を侮辱すると侮辱罪（刑法第231条）へと発展する確率も高くなります。

●B子からの相談について

事例は、子どもが被害者にも加害者にもなる典型例です。いま、被害者のB子のために誹謗・中傷の削除を迅速に行う必要があります。削除の流れは、①内容の確認、②掲示板の管理者等に削除依頼、③掲示板等の管理者が削除しない場合や連絡先が不明の場合は、プロバイダーに削除依頼をします。それでもプロバイダーが発信者を開示しない場合は、「特定電気通信役務提供者の損害賠償責任の制限及び発信者情報の開示に関する法律」にもとづいて、プロバイダーに発信者情報の開示を求めることができます。B子には、法的に必ず救われると励ましてください。

●関係機関との連携

法務局に相談すると、インターネット上の書き込みによる人権侵害について、削除依頼等の具体的な方法を助言してくれます。また、総務省では平成21年8月から事業として、違法・有害情報相談センターを設置、運営していますので、プロバイダー等への削除依頼が可能です。関係機関と連携を図り、問題解決を目指します。

アドバイスを受けて

ネット上のトラブルが名誉毀損罪や侮辱罪になる可能性があるのですから、学校はスマートフォン等の使い方について繰り返し生徒に注意喚起する必要があります。予防策として、例えば、外部講師を招くなどの特別授業を開催します。最近では、各携帯電話会社が無料で出前授業などを行っています。

万一、ネット上のトラブルが発生した場合、学校は、被害生徒と加害生徒の言い分を十分に聴き正確な事実確認を行います。その上で、調査結果と今後の指導方針を保護者にも伝えて、協力を仰ぎます。関係者が理解・納得できる適切な指導を行うことが重要です。事例の場合、K子自身がネットトラブルに遭い、仕返しとして誹謗・中傷を書き込んだのですから、「加害者」と決めつけずに背景を丁寧に調べることが大切です。K子が軽い気持ちで書き込みを行ったり、悩みや問題を抱えていたりする場合があります。事後の指導から受ける精神的な影響が大きいという事例も報告されていますので、十分な配慮のもとでの指導が求められます。

39 ネット上の掲示板に悪口を書き込まれた

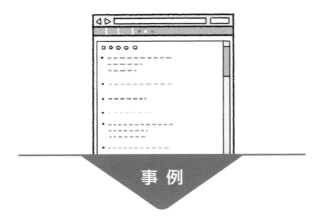

> 事例

　Ａ子（中２）の保護者から担任に電話があった。内容は、Ａ子が最近沈んだ様子だったので事情を聞くと、「クラスの数人の生徒からジロジロ見られることがしばしばあって、嫌な気分になった。さらに、数日前にネット上の掲示板に私のことを『きもい、死ね。お前なんか邪魔だ』と書かれた。その２〜３日後、誰だかわからない人物がネット上の掲示板に『みんなに嫌われているＡ子。消えろ』と書き込みがあった。もう友達が信じられない。学校に行きたくない」と言う。どうしたらいいか……という相談だった。

> 背景

　地方の公立中学校での出来事です。穏やかでのんびりと生活している人々の多い地域ですが、最近は中学生でも携帯電話をもつ生徒が増えてきました。学校に携帯電話をもってくることは、校則で禁止しています。しかし、保護者の責任で、生徒に携帯電話をもたせることまでは禁止していません。
　先月、学校に携帯電話をもってきた生徒がいて、指導をしたばかりです。ところが、今回は携帯電話を使って誹謗中傷をする書き込みがありました。学校では担任から報告を受けて、ただちに対策に乗り出すことになりましたが、教員の多くはインターネットに関する知識が乏しく、指導法がよくわかりません。しかし、通常の指導と同様に、誹謗中傷を受けたＡ子の不安を取り除き、書き込みをした生徒を特定して事実を確認するなど、まずできることはしています。書き込んだ人物については生徒から事情を聞けば、何か情報が得られるので、事実が解明できれば次の段階に進めると思います。ネット上の書き込みに関する指導上の留意点は何でしょうか。

法的アドバイス

　子どもたちによる携帯電話のメールやインターネットの利用の増加に伴い、「ネット上のいじめ」という新しい形のいじめ問題が生じています。ただ、「ネット上のいじめ」に関する判決はまだないようです。

●学校の調査報告義務

　私立中学の男子生徒の自殺事故について、さいたま地方裁判所2008年7月8日判決は「学校は、在学契約に基づく付随的義務として、信義則上、親権者等に対し、生徒の自殺が学校生活に起因するのかどうかを解明可能な程度に適時に事実関係の調査をし、それを親権者に報告する義務を負う」とした上で、「学校は、ほかの生徒に情報提供を呼びかけ、被害者の日ごろの生活の様子等、自殺に結びつく可能性のある事情を調査し、探求する努力をする義務があった。この点、事情聴取の対象が、まだ中学生という多感な年代の若者であることからすると、確たる証拠もないままむやみに特定の生徒からのみ事情聴取をしたり、自殺の責任を問うような形での調査方法は避けるべきであり、事情聴取の内容や時期を含め、生徒の心情、精神面に配慮した慎重な調査が行われるべきことは一面もっともなことであるとしても、これらの事情をもって生徒に対する調査を一切行わないことまでを正当化することはできない」としました。

●「ネット上のいじめ」の調査報告義務

　学校は「ネット上のいじめ」についても当然、調査報告義務があります。「ネットいじめ」は、子どもの利用している掲示板等を詳細に確認することが困難なため、実態把握が難しいのが特徴です。

　ところで、今回は被害者自身から相談がありました。被害者の苦しみを少しでも軽くするために、掲示板等への誹謗中傷などへの対応を至急行う必要があります。①書き込み内容の確認、②管理者に削除依頼、③掲示板等のプロバイダーに削除依頼、④削除されない場合は警察や法務局に相談をします（文部科学省『「ネット上のいじめ」に関する対応マニュアル・事例集〔学校・教員向け〕』）。

　同時に、ほかの生徒に情報提供を呼びかけるなど、いじめに結びつく可能性のある事情を調査し探求する努力が求められます。

> ### アドバイスを受けて
>
> 　今回の事例は「ネットいじめ」と言われるものです。学校には、調査報告義務があるとのことですから、きちんと調査を行い、生徒指導につなげます。さらに、ただちに書き込みの削除依頼等、掲示板への対応を行います。
>
> 　そのために、教師は、文科省や教育委員会から出された通知を熟読して、校内研修会を開くなり、学習会を開くなりして、インターネットに関する基礎的な知識を獲得する必要があります。そして、若い教師や生徒指導主事まかせにせず、教師全員で「ネット・ケータイいじめ」に取り組む意識を醸成することが重要です。同時に、生徒に対して情報モラル教育の徹底を図ることも必要です。
>
> 　教師向け、あるいは生徒向けの情報モラルに関する出張講習会を行っている通信会社もあります。保護者に参加を呼びかけて、生徒・保護者・教師が情報モラルの知識を獲得し、被害に遭わないようにしたいものです。また、情報モラル教育を、交通安全教室や薬物乱用防止教室などと同様に、学校行事に位置づけて開催するのもよいでしょう。

40 自転車交通事故の責任は

事例

　本校の生徒の約7割が自転車通学をしている。先日、遅刻しそうになり、猛スピードで登校していた生徒の自転車が、犬の散歩をしていた70歳代のお年寄りと接触した。転んだお年寄りは動けなくなったため、生徒はすぐに救急車を呼び、病院に搬送した。お年寄りは意識はあるものの、足を骨折しており、しばらく入院することになった。お年寄りの家族が病院に駆けつけて、自転車を運転していた生徒に向かって「お前の様な無茶な運転をするから交通事故が増えるんだ。治療費は払ってもらうぞ。これから警察に行こう。おそらく逮捕されるぞ。責任は取ってもらうからな！」と言われた。

背景

　本校は、電車の駅から少し離れた場所にある公立高校です。電車で通学する生徒も若干いますが、駅から徒歩約15分かかるため、多くの生徒は自転車で通学しています。
　ある日、遅刻しそうになった生徒が急いで自転車をこいでいました。学校まであと少しというところで、お年寄りと接触事故を起こしてしまいました。生徒はすぐに自転車を降りて、お年寄りを介抱しながら、携帯電話で救急車を呼びました。また、救急車に同乗して病院まで付き添い、その間何度も「大丈夫ですか？　ごめんなさい……」とお詫びの言葉を繰り返していました。
　警察の現場検証の結果、お年寄りが連れていた犬が急に走り出したために、お年寄りが犬に引っ張られ、道路の中央に出てきてしまったことがわかりました。
　今回のような事件では、生徒はどのような責任が取らされるのでしょうか。また、学校としてできることはあるのでしょうか。

法的アドバイス

　自転車も車両の一種です。事故の際は、自動車と同じように刑事上の責任が問われます。また、相手にけがを負わせたり、死亡させたりした場合、高額の損害賠償を請求されることもあります。

●自転車は軽車両

　道路交通法第2条は、自転車は「軽車両」と定めています。・飲酒運転・手放し運転・携帯電話を使用しながらの運転・傘差し運転など不安定な乗り方・二人乗り（16歳以上の運転者が6歳未満の子供一人を幼児用座席に乗せている場合は除く）・夜間無灯火運転・信号機無視（手信号も含む）・一時停止無視・右側通行（危険回避など、やむをえない場合は除く）・2台以上並んでの走行（道路標識等により並進することができる場合は除く）、などは処罰の対象になります。

●民事責任

　自転車運転者は、前方左右を注視しつつ進行すべき注意義務があります。注意を欠いたまま進行して歩行者などに被害を与えた場合は、民法709条（「故意又は過失によって他人の権利又は法律上保護される利益を侵害した者は、これによって生じた損害を賠償する責任を負う」）に基づき、損害を賠償すべき責任があります。「高校生が夜間、携帯電話を操作しながら無灯火で走行中、女性と衝突。女性には重大な障害が残った事例」では賠償金は約5000万円でした（警視庁 HP）。万一の場合に備えて、自転車保険に加入することが賢明です。

●刑事責任

　自転車の事故で相手にけがや死亡をさせた場合、刑事責任を問われることがあります。成人の事故ですが、自転車で道路を横断する際に安全確認不十分のまま対向車線上に進出し、これとの衝突を避けようとした自動車が左にハンドルを切り、さらに同車との衝突を避けようとした自動車が歩道上に乗り上げ、2名の者に衝突して死亡させた事案において、重過失致死罪の成立が肯定され、禁錮2年の判決が言い渡された事例があります（大阪地方裁判所平成23年11月28日判決）。高校生など未成年者が事故を起こした場合は、少年事件として警察と検察の捜査を経て、家庭裁判所に送致されます。

アドバイスを受けて

　高校生であっても、自転車で交通事故を起こせば、刑事責任と民事責任が問われることがわかりました。また、少年院に送られることもあるようです（未成年者）。

　民事責任では、5000万円という高額の損害賠償を認めた例があると聞き、驚きました。治療費や慰謝料などが発生しますから、高額になることを想定しておく必要があります。また、不注意（過失）で事故を起こした場合でも、損害賠償責任が発生します。高校生に賠償能力はないので、保護者が支払うことになります。自転車事故の未然防止も含め、保険などの対策についても、生徒や保護者に伝えることが必要です。

　近年、若者によるケータイを使用しながらの運転や、ヘッドホン・イヤホンをつけて大音量の音楽を聴きながら運転することが問題になっています。多くの高校では、所轄の警察と連携して「交通安全教室」を開催していると思いますが、加害者だけでなく生徒が被害者になることも想定した対策が期待されます。

41 友人からもらったクッキーでアレルギーの発作

事例

　校外学習の昼食時、中学1年生のT男が痙攣を起こして倒れた。近くにいた生徒が教師に連絡して、すぐに救急車を呼び、病院に運んだ。病院では「そば粉によるアレルギー症状」と診断された。幸い命に別状はないが、T男は入院することになった。そのため、この日の校外学習は午後の予定を中止して、急遽学校に戻ることにした。

　原因は、昼食時に友人からもらって食べたクッキーに、そば粉が入っていたためだった。友人は、中にそば粉が入っていることを知らなかった。T男もそのことに気づかず、食べて発作を起こしたという。

背景

　本校は市立中学校で、全学年とも春に遠足を実施し、秋には、1年生は校外学習と称して教育センターに行って学習を行います。

　事前指導では、学習の目的や内容について説明しました。また、しおり、筆記用具、弁当、ハンカチ、雨具、おやつ、持薬等の持ち物についての説明もしました。ただし、食物アレルギーについて説明はしませんでした。

　本校では、給食を提供していますので、事前にアレルギー調査を行っています。給食では食材を明示して、アレルギーのある生徒には、別メニューを提供したり、卵やチーズなどを除いたメニューを用意しています。

　T男がそばアレルギーであることは判明していました。T男以外にも、そばアレルギーの生徒が複数いますので、学校給食では、そばやそば粉を使った給食を提供することはありません。まさか、校外学習の際に、おやつにそば粉の入ったクッキーを生徒が持参するとは誰も予想していませんでした。

　今回の場合、学校や教師の責任は問われるのでしょうか。

法的アドバイス

今事例のポイントは、①学校外、②生徒間、③アレルギーの3点についての安全配慮義務になります。

●校外学習での事故

浦和地方裁判所・昭和61年12月25日判決は、校外教育活動中の岩場から転落・溺死事故について、生徒の動静に注意し、生徒を危険から引き離し、事故の発生を防止するため具体的状況に応じた適切な処置を講ずべき義務があるとして、引率教員の責任を認めました。校外学習では、生徒間の動静に注意する義務と適切な措置を講ずる義務があります。

●生徒間の事故

仙台地方裁判所・平成20年7月31日判決があります。中学1年生の生徒が、始業前教室で、他の生徒に対し自在等を投げつけ、右眼を損傷させた事故について、判決は、生徒と学校との特殊な関係上生ずる一般的な安全配慮義務として、生徒の生命、身体などの安全について万全を期すべき義務を負っている。学校に具体的な安全配慮義務が生ずるのは、当該事故の発生した時間、場所、当事者の年齢、性格、能力、関係、学校側の指導体制、教師の置かれた教育活動状況などの諸般の事情を考慮して、何らかの事故が発生する危険性を具体的に予見することが可能であるような場合に限られる、として学校の損害賠償責任を認めました。

●そばアレルギーの重大性と安全配慮義務

札幌地裁・平成4年3月30日判決は、そばアレルギーについて、ごく微量であっても反応し、その反応も即時型で、時として激しくかつ重篤な内容を含んでいるとの事実認定を前提にして、学校給食でそばアレルギーによる死亡事故についての教育委員会と学校の損害賠償責任を認めました。

●判例を総合すると……

学校は、当該生徒のそばアレルギーを認識しているのが普通です。①校外学習では生徒間の動静に注意して事故を防止する義務があります。②生徒間の事故についても、当該生徒のそばアレルギー事故の危険性を具体的に予見できます。③生徒のそばアレルギーの危険性を生徒に周知徹底させるなどして、そばアレルギー症による事故の発生を未然に防止すべき注意義務があります。

アドバイスを受けて

給食を提供する学校では、事前に食物アレルギーに関する調査を行い、アレルゲンを含む食材は使用しないか、当該児童生徒にはアレルゲンとなる食材を除いた給食を提供するシステムが完成しています。今回のような校外学習の場合、弁当は各家庭で作るため、アレルギーの不安はありません。しかし、おやつにそば粉が入ったクッキーを持参して、それをもらった生徒が発作を起こすことまでは学校側も予想していなかったでしょう。法的には、校外であっても学習活動中に起こった事故ですから、学校は事故を未然に防止する注意義務があり、責任が問われます。

校内・校外を問わず、食物アレルギーに関して、あらゆる可能性を考慮して、事前指導を行う必要があります。事前指導では「食物アレルギーで発作を起こすことがあるから、十分注意すること」「アレルギーのある生徒は、おかずやおやつを友達と交換するのはやめよう」等アレルギー発作の危険性について具体的に説明して、警告を発することが重要です。

42 部活動中に生徒が熱中症で死亡

事例

　夏休み、野球部の練習中に、K男（中2）がだるそうな様子だったので、顧問の教員が「どうした、具合が悪いのか」と声をかけた。K男は「大丈夫です」と言って練習を続けた。
　少しして、動きが良くないので「木陰で少し休め」と言って、女子マネジャーに飲み物とぬらしたタオルを渡すように指示した。
　しばらくするとマネジャーが「先生、K男くんの様子が変です」と報告に来た。急いでK男のところに行くと、ぐったりとしていた。
　最悪の事態を想定して、救急車を要請し、病院に搬送した。しかし数時間後、熱中症によりK男は死亡した。

背景

　本校の野球部は、県下で5本の指に入る強豪校です。毎年夏休みは、基礎基本から上級技術の習得にいたるまで厳しい指導を行ってきました。K男は、1年次よりレギュラー選手として日々練習に励み、昨年も何度か公式戦に出場して活躍しました。今年度も、秋の大会を目指して練習に励んでいたところです。K男が数日前に風邪気味だということを聞いていたため、顧問の教員はK男の様子に注意を払っていました。K男の体調が良くないように見えたので、木陰で休ませるなどの必要な措置はとったのですが、回復せず、病院で死亡しました。
　駆けつけた保護者は「K男はなぜ死んでしまったのですか。先生はK男の様子を近くで見ていたのではないのですか。死ぬほど具合が悪いのに先生は気がつかなかったのですか」と、厳しく詰め寄ってきました。しかし、顧問の教員は何も答えることができませんでした。
　このようなとき、顧問の教員は、どのような責任を問われるのでしょうか。

法的アドバイス

●熱中症とは

　暑熱環境によって生じる障害の総称で、重症な病型である熱射病を起こすと、適切な措置が遅れた場合、高体温から多臓器不全を併発し、死亡率が高くなります。学校の管理下における熱中症死亡事故は、ほとんどが体育・スポーツ活動によるもので、それほど高くない気温（25～30℃）でも湿度が高い場合に発生しています（『熱中症を予防しよう―知って防ごう熱中症』平成26年3月改訂・独立行政法人日本スポーツ振興センター学校災害防止調査研究委員会）。

●学校設置者の責任

　学校の教育活動の一環として行われる課外の部活動において、生徒は担当教諭の指導監督に従って行動します。そのため、担当教諭は、できる限り生徒の安全に関わる事故の危険性を具体的に予見し、その予見に基づいて当該事故の発生を未然に防止する措置をとり、部活動中の生徒を保護すべき注意義務を負っています（課外の部活動として行われたサッカーの試合中の落雷事故についての最高裁平成18年3月13日第二小法廷判決）。

●野球部での熱中症

　町立中学校1年生の野球部員が、練習の休憩時に熱射病に起因する心不全により死亡した事件について、徳島地方裁判所・平成5年6月25日判決は「指導担当者である教諭は、部員が暑さと激しい運動により熱中症にかかることのないよう、練習中は適宜休憩をとらせ、十分に水分補給をさせるとともに、練習中部員に熱中症を窺わせるような症状が見られたときは、直ちに練習を中止し、涼しい場所で安静にさせ、体温を下げる手立てをとるなどの準備をしておく必要があった」として、町と県の損害賠償責任を認めました。

●顧問の教員の責任

　中学校の野球部顧問の教員が、真夏の炎天下で部の活動を行い部員1名を熱中症に罹患させ、その対処が遅れたため、熱中症に起因する多臓器不全による出血性ショックで死亡させた事件で、教員は業務上過失致死の刑事責任を問われ、横浜地方裁判所川崎支部・平成14年9月30日判決は罰金40万円を科しました。なお、この事件で、教員は減給の懲戒処分も受けています。

アドバイスを受けて

　裁判では、学校や教員に対して厳しい判決が下されています。

　この中学校は「強豪校」ですから、相当厳しい練習内容をこなしてきました。そして、「強豪校」でいるためには、簡単に練習メニューを変えることはできません。部員はレギュラーからはずされることを恐れて、練習を休むことも、弱音を吐くこともしません。部員は相当無理をしていると思います。

　他方、最近は、異常気象（夏場の高温多湿、豪雨、竜巻の発生等）が頻発し、熱中症の発症件数が激増しています。

　このような状況の中で、部活動の指導に当たる顧問の教員は、効率の良い練習計画・練習内容の改善策を考える必要があります。

　次に、危機管理体制づくりが必要です。熱中症対策に関する科学的なデータを取得して、対応方法を文書にまとめてマニュアルをつくり、顧問の教員や他の指導者、部員、マネジャーがマニュアルを共有して、確実に守ることを約束します。こうすることによって、安全管理が徹底できるでしょう。

43 理科の実験中に生徒がやけどをした

> 事 例

　中学1年生の理科の授業で、過酸化水素水を加熱して酸素を取り出す実験をしていた。用意した試験管のうち、1本にひびが入っていると、生徒から指摘を受けたため、理科教諭は新しい試験管を理科室の隣の準備室に取りに行った。その間に、ほかの試験管が爆発して生徒がやけどを負った。

　生徒には、実験の前に実験方法と安全について何度も注意を与え、くれぐれも事故を起こすことがないよう、十分に注意を払って実験をしなさいと指示していた。

　ところが、理科教諭が実験室を離れたわずかな隙に事故が起こってしまった。

　理科教諭は、どのような責任を負うことになるのか。

> 背景

　中学校では、座学だけでなく実習や実験、体験学習などを取り入れた授業が多数展開されています。これらの授業方法には、生徒に授業に対する興味関心をもたせるとともに、授業に参加する意欲を強く引き出す効果があるため、多く取り入れられているのです。

　事例では、理科教諭が実験室の隣の準備室に、新しい試験管を取りに行っている間に、生徒が誤って試験管を直火に近づけたために事故が起きました。わずか1分間程度、教諭が実験室を空けていた間の出来事です。

　理科教諭は、けがをした生徒を直ちに保健室に連れていきました。養護教諭は、やけどの程度がひどいと感じたため「すぐに病院へ連れて行きましょう」と言い、救急車を呼び、保護者にも連絡しました。

　病院で治療を受けた生徒は、命に別状はありませんでしたが、医師から「両手にやけどの跡が残るでしょう」と言われました。生徒は、理科教諭の指示通り実験を行っていただけだと言います。このような場合、理科教諭に何か責任が及ぶのでしょうか。

法的アドバイス

　今回の事例は、国公立の中学校であることを前提として検討します。学校事故については民事責任、刑事責任、行政責任（懲戒処分）が問題となります。ここでは民事責任と刑事責任について説明します。

●学校設置者の損害賠償責任

　理科の実験中の事故についての裁判例は、静岡地方裁判所沼津支部・平成元年12月20日判決が参考になります。同判決は「本件実験は、危険性を伴うものであって試験管の破裂などの事故も予想されないわけではないものと認められるから、右実験の担当教諭としては、事故の発生を未然に防止するよう配慮すべき義務があることは当然である。そして、その具体的内容としては、事前に生徒らに適切で安全な実験方法を指導する義務、適切な実験器具を用意する義務、実験を実際に行う際に生徒らを適切に指導、監督する義務などを認めうる。」としました。具体的には「過酸化水素水の入った試験管を穏やかに加熱する必要性があり、そのため教諭としては、教科書に前掲されているように試験管とアルコールランプとの間にアスベスト金網を設置して実験を実施すべき義務があったと判断せざるをえない。」と述べています（注：アスベスト金網は、平成17年以降使われていません）。

　事例では、わずか1分間程度であったとしても実験室を空けていたことは、教諭に過失が認められ、国家賠償法により学校設置者は損害賠償を負担すると思われます。

●教諭個人の民事賠償責任

　裁判例は、公務員である教諭個人は民事賠償責任を負担していないとしています。また、学校設置者から教諭個人への求償について、国家賠償法第1条2項は「公務員に故意又は重大な過失があつたときは、国又は公共団体は、その公務員に対して求償権を有する。」としています。

　事例では、教諭に「故意又は重大な過失」があったとは思われませんので、個人の民事賠償責任は問われないでしょう。

●刑事責任

　刑事責任は、業務上過失傷害罪が問題となります。捜査機関の判断次第ですが、本件程度の過失では刑事責任は問われないと思われます。

アドバイスを受けて

　理科教諭は、事前に十分な説明、準備をしていたようですが、試験管のひびを見落としていたこと、さらに、ゆっくり加熱しないと爆発する危険性があることも生徒に確実に伝わっていませんでした。これでは十分な準備とは言えません。新しい試験管を取りに行っている間は理科教諭の目が行き届かず、生徒が誤った方法で実験を続けたため、事故が起きたのです。

　理科教諭の実験に対する準備に関して過失が認められるが、刑事責任は問われないであろうとのアドバイスがありました。しかし、やけどを負った生徒は、手だけでなく、心にも傷が残るのではないでしょうか。

　事例の場合、教諭が実験室を離れるときは、生徒に一時実験を中止させ、「試験管を直火に近づけてはいけない」と、改めて注意を喚起することなどが考えられます。

　教員は、細心の注意を払いながら教育活動に当たり、二度とこのような事故を起こさないための学校の安心・安全への取組や見直しをすることが必要です。

44 自習時間中に生徒がけがをした

事例

　本校（公立中学校）では毎日、朝学習を行っている。ある日の朝学習中に、M男がふざけて投げた消しゴムが、たまたま振り返ったS男の目に当たった。すぐに病院に連れて行き診察を受けさせたところ、眼球に傷がついているため、視力が著しく低下する可能性を指摘された。治療を続ければ回復するが、元の視力に戻る確率は低いとのことであった。M男は事の重大さに驚き、消しゴムを投げたことを後悔している。一方、けがをしたS男の親からは、損害賠償を求めて学校を訴えると言われた。
　担任および管理職の責任は、どの程度問われるのか。

背景

　この中学校では、「朝学習」と称して毎日朝8時から20分間、各教科の小テストを行っています。毎回、係の生徒が職員室前に置いてある課題を教室に持っていき、配布します。できあがった答案は、教卓の上の回収箱に提出するシステムです。担任は、朝学習の時間は職員室で朝の打ち合わせを行い、8時20分に教室に行きます。事故は、担任が教室に行く前の教員不在の中で起きました。
　M男は、小テストが早く終わったので周囲の生徒と話をしていました。すると、S男が答案用紙に向かいながら「M男うるさい！」と言ったのです。これに対してM男が「早く終われよ」と言いながら、S男の頭めがけて消しゴムを投げました。そのとき、S男が振り向き、目に消しゴムが当たったのです。
　学級委員から知らせを聞いた担任は、S男を病院に連れて行き、保護者に病院に来てもらうよう電話連絡をしました。事情を聴いた母親は「なぜ先生は教室にいなかったのですか。先生がいればこのような事故は起きなかったはずです。訴えます」と言うのです。

法的アドバイス

●担任および管理職個人に責任はない

　国家賠償法一条一項の「公権力の行使」には、公立学校における教育作用も含まれ、公務員たる教諭に過失があるときには地方公共団体は責任を免れません。他方で、担任や管理職など公務員個人は損害賠償の責任を負担しないというのが確定した判例の考えです。

●担任および管理職の安全配慮義務

　中学校の教諭は、教育指導の専門家として授業の指導監督に当たることが要請されます。加えて、生徒の身体・生命を害することがないよう配慮して、事故の発生を防止すべき注意義務が課せられています。

●予見可能性と予見義務はあるか

　担任および管理職の過失が認められるには予見可能性と予見義務がまず問題になります。生徒の身体・生命の安全に万全を期すべきことを前提に、事故の発生した時間、場所、発生状況、事故当事者の年齢・判断能力、学校側の指導・監督体制、教師らの教育活動状況等の事情を考慮して判断されます。

●中学生の自律能力

　中学校段階の生徒には自律能力があり、是非善悪の判断が相応にできると評価して授業を実施することは普通のことであり、これを事故防止上不相当な事態とすることはできません。

　事例では、朝学習の時間に、担任は職員室で朝の打ち合わせを行います。中学校段階の生徒の自律能力を考えると不合理なシステムとは言えません。

　なお、小学校2年生の担任が教室を離れていた自習時間中に起こった、児童が誤って級友の目に鉛筆を突き刺した事故につき、担任教諭の過失が認められた判例があります（大阪地方裁判所・平成13年10月31日判決）。小学校低学年の授業を担当する教師は、正当な理由のない限り、その授業中教室に在席して児童らの動静を把握・監督し、その安全を確保するよう注意すべき義務があるというべきであるとしました。

●本件は突発的な事故

　事例は、M男がS男の頭めがけて消しゴムを投げました。予測ができない突発的な事故と評価でき、担任および管理職に具体的な予見可能性と予見義務はありません。

> **アドバイスを受けて**
>
> 　教育公務員の場合、教員個人の責任が問われることはないということですが、けがをしたS男および保護者は納得しないでしょう。
>
> 　学校としては、まずは事故への謝罪をした後、朝学習のシステム、その間に教員が打ち合わせをしていること、生徒たちは毎日学習に取り組んでいて、今回のような事故ははじめて起きたこと、M男はけがをさせようとして消しゴムを投げたのではないこと、事故後深く反省していること等を、丁寧に説明します。さらに、日本スポーツ振興センターから治療費と見舞金が給付され、必要な治療を継続できることを伝えます。
>
> 　保護者が納得しないようなら、最終的には、校長または教育委員会が謝罪と説明をします。校長は事前に教育委員会に事故報告を行って指示を仰ぎ、解決に向けて準備します。
>
> 　いずれにしても、学校は預かった生徒をけがなく元気に帰宅させる義務（安全配慮義務）を負っています。学校教育は、生徒・保護者との信頼関係の上に成り立つのですから、誠実に対応することが大切です。

45 不登校生徒の高校進学問題

事例

　本校は、公立の中学校である。私は今年4月に異動してきて、すぐに3年生を担任することになった。驚いたことに、全校161名の生徒のうち、7名も不登校生徒がいる。

　問題は、不登校生徒7名中5名が高校進学を希望している点である。昨年、2年生のときも、欠席日数が150日以上であったため、成績はオール1であった。今年度も始まったばかりとはいえ、7名の生徒たちは、1日も登校していない。このような生徒が高校進学を希望したとしても、進学先は無い。しかし、保護者がなんとか進学先の高校を探してほしいと言ってきた。どう対応したらよいのか。

背景

　本校は、特に荒れた中学校というわけではありません。ただ、保護者の権利意識が高く、学校に対する要望・苦情が多く、解決が図れないと直接校長に申し入れをすることもあります。そのような中で、「学校の指導が悪いから子どもを登校させない」と言って、不登校を奨励する保護者もいます。もちろん、全ての保護者がそうではなく、生徒自身が学校に行くことを拒んでいる場合もあります。

　学校は、欠席を続けていて、帳簿上「在席」だけしている生徒が高校進学を希望したとしても、まず成績をつけることができないので「評定不能」のため、評定の欄は「1」ではなく、「／」という表示になります。全科目「／」でも、受験を認める高校はあるのでしょうか。また、その前に、中学校の卒業が認められるのでしょうか。

　ほとんど学校を欠席している生徒の卒業が認められるとは思えません。このような生徒および保護者に対して、担任として、どのような指導を行えばよいのでしょうか。学年主任も頭を抱えています。

法的アドバイス

●憲法26条の学習権の保障

憲法26条は「ひとしく教育を受ける権利」を保障しています。学力テスト判決で最高裁判所は、憲法26条の規定の背後には、「みずから学習することのできない子どもは、その学習要求を充足するための教育を自己に施すことを大人一般に対して要求する権利を有するとの観念が存在している」としました。憲法26条の権利を子どもの学習権を中心として理解するとの見解を裁判所は採用しています。国際的にも、国連子どもの権利条約（児童の権利条約）は、「子どもの最善の利益」を尊重し（3条）、「すべての児童に対し、これらの中等教育が利用可能であり、かつ、これらを利用する機会が与えられるもの」（28条）としています。

●「進学する権利」の保障

現在の学校教育制度の下では、中学校卒業生は希望する高等学校の側の一定の選抜手続を経て、その基準に合格した場合にのみ入学を許されるものとなっています。しかし、生徒は学習権が保障されていますから、進学を希望する生徒は、「高等学校の選抜手続において他の志願者と平等に合理的かつ公正な取り扱いを受ける権利」を保障されているといえます。

●学校長の教育的な裁量

学校教育法施行規則57条は「卒業を認めるに当たつては、児童の平素の成績を評価して、これを定めなければならない」と定めています。「平素の成績」の中には、出席日数も勘案することにはなりますが、出席日数そのものは必要な絶対的な基準ではありません。文部省初等中等局が平成9年11月に出した「高等学校の入学者選抜の改善について」という通知では、「調査書以外の選抜資料の活用を図ること」とし、平成9年3月の「学校教育法施行規則の一部を改正する省令の一部改正について」では、「中学卒業程度認定試験の受験資格を与えること」等の通知を出していますが、生徒の学習権・進学権の尊重の趣旨だと思われます。学校長の教育的な裁量の行使に当たっては、子どもの学習権の尊重が大切です。

アドバイスを受けて

憲法や児童の権利条約等でも、生徒の学習権を尊重し、学習の機会を保障しているそうです。文部省（当時）は、通知を出したり、法律の改正を行い、生徒に高校進学のチャンスを拡大してきました。

高校の入試では、調査書と当日の筆記試験及び面接の成績によって合否を決めます。調査書の評定が「1」または「／」であれば、受験に不利です。それでも受験の機会は保障されなければならないのです。

都立高校の定時制課程では、募集人員に対して応募者が下回る場合は、調査書点が低くても合格させます。第一次の入学選抜で定員に満たない場合は、二次、三次募集を行います。このようなチャンスを活かせば、高校進学を実現させることが可能です。

学校長は、教育の専門家として、大きな裁量権をもっています。したがって、高校進学を希望する生徒に受験の機会を与えることは、生徒の学習権の保障に関わる重要な判断であると言えます。事例の場合、定時制高校の受験を勧めることも考えてみてください。

46 留年すると全科目再履修させることの是非

事例

本高校の内規では単位不認定科目が2科目以内なら仮進級させるが、3科目以上になった場合は原級留置としている。

今年度、2年生3名の原級留置が決定した。内規に従い、3科目以上が単位不認定になったからである。このうち1名の生徒の保護者が「留年すると全部の科目を再度履修しなければいけないと聞きましたが、高校は単位制なので、不認定科目だけを履修すれば良いはずです。あとは塾に通って『高卒認定試験』を受けさせて、1年後に大学を受験させます」と言ってきた。

背景

事例の高校は単位制高校ではないので、学年制と単位制を併用して、各学年末に一定の単位を修得していなければ進級させません。

一度修得した単位は有効ですが、現実には留年した場合、全ての科目を再履修させている高校が多いと思います。その理由は、単位不認定の科目だけを履修させると、1週間のうち2～3日登校すれば良いという状態になってしまい、ほかの生徒と学習のリズムにズレが生じるからです。つまり、高校では学年やホームルーム単位の教育活動が多くあるため、単位制を重視したシステムでは教育活動が機能しにくくなってしまいます。ですから、学年制を併用したカリキュラムを作成しているのです。その結果、留年する生徒に対して再度全科目を履修し直すことを条件に、留年させるケースが一般的です。もし、そのまま退学した場合は修得単位は有効ですから、将来再受験するときには、修得単位数に応じて編入学が可能になります。

ほかの2名の生徒は、全科目再履修します。学校はどうしたら良いのでしょうか。

法的アドバイス

●単位制高等学校

　単位制高等学校は、学年による教育課程の区分を設けず、決められた単位を修得すれば卒業が認められます。昭和63年度から定時制・通信制課程において導入され、平成５年度からは全日制課程においても設置が可能となっています（学校教育法施行規則第103条）。文部科学省によると、平成24年度は平成23年度の952校から８校増加し、960校となっています（以上は文部科学省のホームページ）。単位制高校は学年制ではないので「進級」自体がなく、原級留置（留年）もありません。

●学年制と単位制の併用

　多くの全日制高等学校は、学年制と単位制を併用した教育課程を実施しています。学年毎に定められた教科・科目を全て履修・修得できたときに進級が認定され、できなければ原級留置となります。本事例の高校は単位制高等学校ではないのですから、保護者の「高校は単位制なので、不認定科目だけを履修すれば良いはずです。あとは塾に通って『高卒認定試験』を受けさせて、１年後に大学を受験させます」との主張は成り立ちません。このような誤解を避けるために、「学校紹介」やホームページ・学校説明会において、単位制なのか併用制なのか、単位制と併用性の違い、メリットとデメリットを丁寧に説明することが大切です。

●原級留置処分の決定は慎重に

　原級留置処分について、神戸市立高専事件最高裁判決（最高裁判所第２小法廷・平成８年３月８日判決）は、「原級留置処分も、学生にその意に反して一年間にわたり既に履修した科目、種目を再履修することを余儀なくさせ、上級学年における授業を受ける時期を延期させ、卒業を遅らせる」として、「その学生に与える不利益の大きさに照らして、原級留置処分の決定に当たっても、退学処分と同様に慎重な配慮が要求されるものというべきである。」として、全く事実の基礎を欠くか又は社会観念上著しく妥当を欠き、裁量権の範囲を超え又は裁量権を濫用したと認められる場合に限り、違法であるとしました。なお、単位不認定も原級留置と直結するので司法審査の対象になります（東京高裁・昭和62年12月16日判決）。

アドバイスを受けて

　判決文の中で「原級留置処分も（中略）既に履修した科目、種目を再履修する」と説明していますから、留年すると改めて全ての教科・科目を再履修させることに問題はありません。それよりも、事前に進級・卒業に関する説明を、生徒および保護者に丁寧に確実に行っていたかどうかが問題になります。

　多くの高校では、入学時や進級時に進級・卒業について詳しい説明を行います。事例の高校でも同様の説明をしたと思いますが、それでも保護者から苦情が出たことは重く受け止めなければなりません。担任だけでなく、教務主任や必要があれば管理職にも同席してもらい、進級・卒業の要件について理解してもらうまで説明することが大切です。

　４月から１年間指導を続けてきたわけですから、この間に進級が危ぶまれる生徒に対して何らかの指導がなされてきたと思います。保護者にも電話連絡等を行ってきたことでしょう。指導の記録は資料として残すようにし、その記録を見せて、進級できなかったことを理解・納得してもらいます。

47 保健室登校を「出席扱い」にできるか

事例

中学2年生に進級したM男は、4月は元気に登校していたが、5月の連休明けごろから学校に来なくなった。担任は、本人および保護者から事情を聴いたが、はっきりした理由はないという。

学年会で話題にしたが、原因がわからなければ対応策も立てられないということになり、しばらく様子を見ることにした。

2学期になり、担任はさまざまな方法を示して、M男に登校を促したところ、「保健室なら行ってもいい」との答えが返ってきた。担任は、保健室でも登校さえすれば「出席扱い」にできると考えた。

背景

本校は、落ち着いた環境の中にあり、生徒はのんびりと育っています。保護者は高学歴の方が多く、教育に対して熱心です。

各学年は3クラスで、全校で生徒が312名在籍しています。その中で、4名の生徒が不登校の状態です。

管理職は、この4名の不登校生徒が学校に来ることを強く望んでいます。そのため、職員会議でもしばしば話題にしています。最近、登校を促すための指導法について、外部講師を招いて校内研修会を開きました。研修会では、M男の様子を担任に報告させて、対応策についてアドバイスをもらいました。講師は「例えば、保健室でもいいから登校するようになれば、『出席』として扱うことができる」と言いました。これに対して、反対を唱える教員が複数出てきました。「保健室に登校した生徒を、教室で一日しっかり授業を受けている生徒と同じように、出席扱いにすることはおかしい」というのです。「出席」の扱いとは、どのように考えたら良いのでしょうか。

法的アドバイス

●保健室登校の現状

公益財団法人日本学校保健会は、平成2年から5年に1回、保健室の利用状況に関する調査報告を公表しています。最新は、平成23年度調査報告です。保健室登校の現状は次の通りです。①【平成22年10月から平成23年9月までの保健室登校の有無】全国の33.1%、小学校28.5%、中学校41.6%、高校37.3%。②【年間平均人数】小学校は1.8人、中学校は3.3人、高校は2.7人。③【開始時期】9月、10月が最も多く、次いで4月が多い。④【教室復帰】小学校が46.9%、中学校が28.0%、高校が46.2%。⑤【復帰までの日数】小学校が59.2日、中学校が61.0日、高校は35.3日。

●保健室登校の教育的な意義

心の健康問題が深刻化しており、保健室は不登校になる前に児童生徒が訪れたり、不登校から教室復帰のきっかけとなる大切な役割があります。医学的にも、「思春期精神科疾患の回復過程において保健室登校が有効に機能」していると指摘されています（花澤寿『思春期精神疾患の回復過程における保健室登校の意義について―拒食症の治療経験から』千葉大学教育学部研究紀要第57巻、2009年）。

●出席についての文部科学省の見解

文部科学省の平成26年3月「質疑応答集（初等中等教育機関、専修学校・各種学校編）」は、学校基本調査を実施した際に、各都道府県等から寄せられた質疑に対し文部科学省が回答した事項等について取りまとめたものです。

（問30）「授業を受けていない保健室登校の児童がいます。この児童は長期欠席者に該当するでしょうか。」に対して（答）は「保健室登校であっても学校には登校しているため、欠席者としては扱いませんので、長期欠席者には該当しません。」と明記しています。

●欠席扱いは違法

保健室登校は養護教諭の養護を受ける目的で登校しているので、教育を受けていると評価できます。保健室登校を欠席扱いすることは校長の裁量権の濫用で違法です。

アドバイスを受けて

文部科学省は「保健室登校は出席として扱う」としています。学校に登校しているという意味では、確かに「出席」と言えますが、各教科の〝授業〟には出席していません。

多くの中学・高校では、朝と帰りの学活（HR）があり、その間に、1時間目から6時間目まで授業があります。学活（HR）では、担任が教室に行き、保健室登校の生徒がいれば保健室にも行き、出席をとります。授業では、教科担任が教室に行き、出席をとります。出席簿上、朝と帰りの学活（HR）は出席で、各授業は欠席になります。

義務教育段階では、保健室登校を出席として扱い、最終的に卒業を認めますが、高校は単位制であり、単位の履修・修得に関しては厳格です。授業に出ていない生徒に単位は与えないので、進級や卒業は認められません。

学校教育法施行規則第86条に、高校生の「不登校生徒等に対する教育課程編成の特例」の規定がありますが、文部科学大臣が特別な教育課程の編成を認める場合があるという規定で、出席と見なすものではありません。

48 原級留置に関する内規の効力

事例

　公立高校1年生のK男は、2学期の期末考査に続き、学年末考査でも1科目で赤点をとり、単位不認定になってしまったため、教科担任およびホームルーム担任から「進級は難しい。留年するか、転校するか、保護者と相談して報告しなさい」と言われた。

　本校の内規では、1科目でも単位不認定の科目があれば進級を認めていない。これまで、成績不振の生徒たちは、学年末考査では必死に努力して、赤点を免れてきた。

　K男は内規に従い、留年せざるを得ないのか。

背景

　通常、公立高校では、進級の規定を定めています。事例の高校では、過去に、1科目が単位不認定になり留年した生徒や、留年を嫌って、他の高校に転校した生徒もいました。この進級規定については、入学時や保護者会の折に保護者や生徒に説明してきており、厳格に守ってきました。

　K男は他の公立高校に通っているB男に「進級できそうもない」という話をしたところ、「ウチの学校は、3科目6単位までは単位を落としても仮進級できるよ」と言われました。私立高校に通う別の友達にも聞いたところ、「俺の高校も、何度も追試やレポート提出などの課題が出されて、合格できれば進級できるよ」と言うのです。K男は、学校によってこんなに違いがあるのかと驚きました。

　他校の進級規定について知ったK男の保護者は、担任に「K男は一生懸命努力して試験に臨んだが、結果的に1科目で赤点を取ってしまった。何らかの救済措置をとってもらえないか」と懇願しました。

　留年を回避することは可能でしょうか。

法的アドバイス

●学校長の単位認定権

学校教育法施行規則57条は、「小学校において各学年の課程の修了又は卒業を認めるに当たつては、児童の平素の成績を評価して、これを定めなければならない。」と規定して、これが同規則104条により高等学校に準用されています。また、96条は高等学校の全課程修了認定は74単位以上を修得した者について行うことを定め、学校長に単位認定権を与えています。他方で、進級を認めないいわゆる「原級留置き」については法令上の規定はありません。

●内規の効力

学校内規について法令上の規定はありません。一般的には学校が目的達成のために制定するもので、各学校が長年にわたって蓄積してきた慣習を基礎にして成文化したものと理解されています。東京高等裁判所・昭和62年12月16日判決や東京地方裁判所・平成18年6月22日判決は、内規の法的効力を認めています。

●学校長の教育的裁量

生徒に対し、進級させるかどうか、およびその前提となる単位認定を行うかどうかは、各高校の教育方針等に基づく専門的な判断を必要とするので、学校長の合理的な教育的裁量にゆだねられると解されています。ただし、学校長の裁量権の行使としての処分が、全く事実の基礎を欠くか又は社会観念上著しく妥当性を欠き、裁量権の範囲を超え又は裁量権を濫用してされたと認められる場合には違法であると判断されることになります（平成8年3月8日・最高裁第2小法廷判決）。

●単位制と学年制の関係の問題

高校は法令では単位制ですが、他方で多くの高校では学年ごとに所定の単位の修得を義務付ける学年制がとられています。学年制は「学習効果の向上のため」と言われています。年下の集団の中で同じことを繰り返すことは学習意欲の喪失につながりやすいからです。事例のように、わずか1科目の単位不足で機械的に原級留置きをすることは本末転倒であり、内規の見直しを検討すべきだと思われます。学校長は教育裁量権を合理的に行使して、内規に縛られることなく、仮進級などの救済措置をとることが可能です。

アドバイスを受けて

高校では、単位制よりも学年制にウエイトを置いているため、事例のような「原級留置」の問題や「全科目再履修」の問題が起きるのです。留年した生徒は、年下の生徒に溶け込むために大きなエネルギーを費やします。また、心理的にも自尊心が傷つき、葛藤することになり、原級留置に伴う弊害は、予想以上に大きいと考えられます。

生徒の努力不足が原因ですから、留年は当然かもしれません。しかし、一定の単位不認定科目がある場合、仮進級させて、放課後等を利用して補習や補講、再テストを行い、進級を認定するほうが、生徒にとってプラスになると実感しています。1科目の単位不認定の結果、「原級留置」にして1年間を余計に過ごさせることは教育的とは言えません。

年度途中に内規を変更することは難しいと思います。しかし、次年度に向けて仮進級制度をつくることを考えるべきです。

事例の場合、追試や課題を与えて、進級の最後のチャンスをつくります。校長が決断すれば可能です。保護者も納得するでしょう。

5　進級・留年・進路変更に関する規定

49 退学処分に代えて退学勧告をした

事例

　本校では、数年前まで問題行動が年間約100件発生していた。そのため、「問題行動3回で退学処分とする」という内規を決めた。

　過去に、問題行動を3回繰り返した生徒を、実際に退学処分にしたことがある。

　今回、問題行動を3回（1回目がけんか、2回目が喫煙、3回目も喫煙）行った生徒が出たことを受け、内規に従い退学処分を科すことにした。ところが、会議の席上「退学処分は生徒の履歴に傷がつくからやめたほうが良い。退学処分ではなく、退学を勧告するのが良い」という意見が出た。

背景

　本校は、困難校といわれる公立高校です。以前は問題行動が頻発して、先生方は疲弊していました。当時の生徒指導主任が「問題行動3回で退学処分にする」と提案すると、多くの教員の支持を得て、内規で定めることになりました。生徒や保護者に説明をしたところ、問題行動の件数が減少しました。このように効果が上がった内規ですから、いままで当然のことと考えてきました。ところが、最近異動してきた教員がこれに異議を唱えたのです。

　退学処分にすると、指導要録に記載しなければならず、生徒の履歴に傷がつきます。学校には、教育委員会に報告する義務が生じます。生徒、学校にとってマイナス点があるため、多くの高校では退学処分に代えて、退学勧告を行っているのです。この考えに「本校はいままで毅然とした対応をしてきたため、生徒が落ち着いているのです。退学処分は懲戒として認められているのですから、変える必要はないと思います」という反論がありました。どうしたら良いのでしょうか。

法的アドバイス

●退学処分についての学校教育法施行規則

同規則26条は懲戒処分について「校長及び教員が児童等に懲戒を加えるに当つては、児童等の心身の発達に応ずる等教育上必要な配慮をしなければならない。」とし、退学事由を、①性行不良で改善の見込がないと認められる者、②学力劣等で成業の見込がないと認められる者、③正当の理由がなくて出席常でない者、④学校の秩序を乱し、その他学生又は生徒としての本分に反した者と定めています。

●退学処分は「やむを得ない」場合に限る

最高裁第2小法廷・平成8年3月8日判決は、退学処分について「校長の合理的な教育的裁量」とした上で、「学生の身分をはく奪する重大な措置であり、学校教育法施行規則も4個の退学事由を限定的に定めていることからすると、生徒を学外に排除することが教育上やむを得ないと認められる場合に限って退学処分を選択すべきである」としました。事例のように「問題行動3回で退学処分とする」という内規の機械的な当てはめは、教育的裁量の逸脱になる可能性があります。

●退学勧告にも「慎重な配慮」が必要

退学処分は生徒、学校双方にマイナス点があるため、多くの高校では退学勧告を行っています。退学勧告は施行規則に定めがなく、法的に認められるかどうか議論がありましたが、最高裁第3小法廷・平成3年9月3日判決は「行為の態様、反省の状況及び学校の指導についての家庭の協力の有無・程度など、自主退学勧告が違法とはいえない」として、自主退学勧告を法的に認めました。事例で退学勧告を検討することは大事なことです。

●杓子定規にならないことが大事

退学勧告は「教育的配慮」で行うものです。できるだけ退学処分という事態を避けて他の懲戒処分をする余地がないかどうか、そのために生徒や保護者に対して実質的な指導あるいは懇談を試み、今後の改善の可能性を確かめる余地がないかどうか等について、慎重に配慮する必要があります。退学勧告を退学処分と直結させて、「退学勧告に応じないときは退学処分にする」というような杓子定規に責任を追及するという性急な対応は、教育的配慮に欠けます。

アドバイスを受けて

荒れた学校を立て直すために、厳しい対応をして効果を上げた学校がいくつもあります。事例の高校では「問題行動3回で退学処分」という方針を立てて効果が上がりました。しかし、現在は落ち着きを取り戻したのですから、指導方針を変更する時期にきたと言えます。会議の発言に耳を傾けて、機械的に退学をさせるのではなく、退学を勧告して生徒に反省を迫ります。そうすることではじめて気づき、反省する者もいるからです。

退学を勧告しても応じない場合は、退学処分にせず、いままで以上にきめ細かな指導を行います。例えば、始業前は、校内の美化活動に従事させます。1時間目から6時間目までは、別室で各教科の課題を与えて学習をさせます（学習権の保障）。この間に、教員は生徒から話を聞き、反省文や作文を添削して、放課後は面接指導を行います。自己の行為を振り返り、今後の学校生活への決意を促します。全教員が交代で指導に当たれば効果が上がると思います。落ち着きを取り戻した学校だからこそできる指導方針の変更です。

50 子どもが家出をしたので、親が退学手続き

事例

　高校1年生の保護者から担任に電話があった。「子どもが家出をして、1カ月が過ぎました。親子の縁を切るつもりです。退学の手続きをしてください」という。担任が「お子さんは休みがちですが、登校しています」と答えると、保護者は「たぶん、友達の家を泊まり歩いているのだと思います。親子の縁を切ることにしたので、退学の手続きをしてください」と〝退学〟を繰り返すばかりだった。

　管理職に相談すると「保護者の意向はわかったが、生徒自身の気持ちも聞くようにしなさい」と言われた。

背景

　高校1年生のN男は、兄と二人兄弟です。兄は高校時代の成績が良く、国立大学に進学しました。父親は、勉強をしないN男に「兄貴を見習え。ちゃんと勉強しないといい大学に行けないぞ。もっともお前は頭が悪いから、就職でもするか」と言い続けてきました。優秀な兄と比較されて、N男は不愉快な気分になり、学習意欲はますますなくなっていました。

　ある日、町で中学時代の友達に会いました。しばらく話をしていると、友人は「そんなオヤジのところに帰るのは嫌だろう。オレの家に来いよ」と言ってくれました。N男は友人の家に行き、しばらく泊めてもらうことにしましたが、高校は卒業したほうが良いと考えて、できるだけ通うことにしました。N男のことを心配して、何人もの友達が「うちに泊まってもいいよ」と言ってくれました。

　そのまま1カ月以上家に帰っていませんが、学校には通っています。そんなとき、親が退学の手続きを取ろうとしたのです。担任として、どう対応したら良いのでしょうか。

法的アドバイス

　高校における中途退学者は多少減少していますが、いまだに社会問題と言えます。多くは退学処分ではなく、自主退学の形となっています。生徒本人が将来に与える影響を十分に考慮して、自分自身で自主退学を決断する場合は問題ありませんが、生徒本人の意志に反して、親の意向だけで退学させられることは、大きな問題です。

●本人の意見の考慮

　N男は高校生であり、年齢に応じた理解力があると思われます。児童の権利に関する条約12条は「1　締約国は、自己の意見を形成する能力のある児童がその児童に影響を及ぼすすべての事項について自由に自己の意見を表明する権利を確保する。この場合において、児童の意見は、その児童の年齢及び成熟度に従って相応に考慮されるものとする。」としています。自主退学をすることは「児童に影響を及ぼす事項」ですので、「年齢及び成熟度に従って相応に考慮」することが大切です。さらに、N男の意志を尊重する必要があります。

●本人の意志確認と不利益の説明は必要

　大阪地方裁判所・平成20年9月26日判決が参考になります。中学校校長が、中学校に在籍する外国籍生徒の親権者から提出された退学届を受理する際に、退学と転学の違い等について、当該生徒自身に何も説明しなかったことが違法とされた事例です。

　学校教育法施行規則第94条で「生徒が、休学又は退学をしようとするときは、校長の許可を受けなければならない。」と定めているように、校長には退学届受理の権限があります。判決は、校長は、親により退学届が出された場合は、本人に直接会って、本人の意志に反しないものであるか否か、自主退学をすることによって被る不利益について十分理解しているかどうかを直接確認すべき義務を負っていたものと考えられるとしました。そして、校長が、本人に対して直接、これらの確認を行うことなく退学届を受理したことは、本人の法的利益を侵害するものであり、違法であるといわざるを得ないとしたのです。

　大変困難だと思いますが、退学に際し本人の意志確認は必ず必要です。

アドバイスを受けて

　事例では、校長が生徒の意志を確認するように指示したことは正しい判断でした。生徒が退学を望まないなら、学校は親を説得して、退学を避けるべきです。家庭内の問題に関して、学校がどこまで立ち入って良いのか、悩むところですが、「退学」は、生徒の将来に影響を及ぼす重大な問題です。三者面談などを行い、親子の関係が悪化した理由を聞き、助言できることがあれば、担任が問題解決のために相談役になることが重要です。

　生徒本人は高校卒業を目指しています。一方、保護者は「親子の縁を切る」とまで言っており、決意が固いことがうかがわれます。担任が間に入って生徒および保護者の言い分を聞き、双方が納得できる解決策を導き出すことが重要です。もし、校内にスクールカウンセラーが配置されていれば活用し、また、外部の相談機関を紹介する方法もあるでしょう。

　生徒の将来を奪うような結論に達しないよう、学校・教師は努力すべきです。

51 出席日数ゼロでも進級させて良いか

事例

　本校（公立の中学校）では、3月になると、毎年進級問題が起きる。それは、出席日数がゼロの生徒を進級・卒業させているからだ。校長は、当該生徒および担任と面談をして、生徒のやる気を確かめた上で、進級を認めている。歴代の校長も、ほぼ同じような方法で進級・卒業を認めてきた。

　しかし、今年異動してきた教員が「授業に出ないのに進級・卒業を認めることに納得がいかない」と主張したため、職員会議で話題になった。さらに、不登校の生徒の保護者から「中1の学力が身についていないのに中2に進級させられても困る」といった苦言が呈されたこともあって、大きな問題に発展した。

　確かに、十分な学力を身につけさせずに進級・卒業を認めることは、生徒本人のためにならない。どうしたら良いのか。

背景

　中学生の不登校・引きこもりが問題になっています。本校でも、毎年数名の不登校生徒がおり、管理職を悩ませています。歴代の校長が行ってきたように、生徒本人と面接を行い、登校を促したり、教室に入れない生徒には保健室登校や図書室登校を勧めたりして、実際に登校した場合は出席日数にカウントするなど、あらゆる手立てを講じてきました。多くの生徒は、校長と面接をすると数日間は保健室に登校するのですが、またすぐに不登校の状態に戻るのが通例です。根本的な解決はとても難しいと思います。

　一定の日数を出席していない生徒は、学校として進級・卒業を認めないほうが良いのではないでしょうか。加えて、学力がついていないのに進級させられては困るといった保護者の言い分にも耳を傾けるべきです。

　文部科学省や教育委員会は、どのように考えているのでしょうか。また、現在、多くの中学校では校長の裁量で「進級・卒業」を認めているようですが、この点は問題にならないのでしょうか。

法的アドバイス

●神戸地方裁判所・平成5年8月30日判決

　市立小学校の5年生であった子どもが、同級生とのトラブルなどが原因で、校内の会議室等で自習するようになり、途中から登校を拒否しました。その結果、5年生当時の登校日数は71日で、うち37日が会議室等での自習でした。

　校長は、この子どもは日ごろの成績が良く、同年齢の児童と一緒に進級するのが自然であるとして、長期間の欠席にもかかわらず第6学年に進級させました。ところが、子どもは進級しても授業についてゆけないことを理由に、進級の取り消しを求める裁判を起こしました。判決は子どもの訴えを認めず、次のように述べました。

　「学年の課程の修了認定は、『児童の平素の成績を評価』して行うとされているが、その判断は、高度に技術的な教育的判断であるから、学校長の裁量に委ねられている。その認定は、義務教育であって心身の発達に応じた初等普通教育を施す小学校にあっては、単純な学業成績の評価や出席日数の多少だけでなく、児童本人の性格・資質・能力・健康状態・生活態度・今後の発展性を考慮した教育的配慮の下で総合的判断によらなければならない。」

　この判決が、子どもが学校の監督下で学校側の指導方針に従って別室で自習したことを正規の授業と同視し、別室指導を出席日数に含めることができるとしたことも参考になります。

　この判決は小学校についてですが、義務教育である中学校にも当てはまります。

●心身の発達に応じた教育

　学校教育法施行規則は、中学校の進級について「児童の平素の成績を評価」するとして出席日数を要件としていません（79条、57条）ので、校長の「高度に技術的な教育的判断」に委ねられており、裁量で「進級・卒業」を認めていることは法的には問題にならないと思われます。また、中学生は年齢により心身の発達に差があることを考慮すると年齢別学年制は合理性があります。ただし、中学校は「心身の発達に応じて」普通教育を施すことを目的としていますので（学校教育法45条）、本人の学力を保障する配慮は重要です。

**アドバイス
を受けて**

　義務教育では年齢主義をとっていますから、基本的に留年させないのはやむを得ないことかもしれません。しかし、現実には、学年にふさわしい学力が身についていないのですから、大きな問題を含んでいます。

　高校では、履修・修得に関して細かな規定を設けており、一定の日数を出席して、十分な成績を収めなければ、進級・卒業を認めません（「高等学校学習指導要領第1章総則第4款単位の修得及び卒業の認定」参照）。

　形だけ中学校を卒業した生徒の場合、内申書の成績が「オール1」あるいは評定欄が空欄になり、高校進学は難しい状況です。しかし、夜間定時制高校では、不登校や引きこもり経験のある生徒が通っている実態がありますので、入学が可能であり、将来の進路について軌道修正するチャンスがあります。

　現在、多様なタイプの高校がつくられていますので、中学校での取組の在り方や中・高の連携方法などについて、中学校と高等学校が話し合い、生徒の学力を保障し、進路実現できる制度をつくる必要があります。

52 特別支援学級を勧めることの是非

事例

　S男（小学5年生）は、明るく元気の良い児童で、クラスの友達とも仲が良く毎日を楽しく過ごしている。

　ただ、最近落ち着きがなく、授業中に教室を飛び出して校内をうろつくようになり、その都度、担任や教頭が捜しに行くようになった。また、クラスの友人と口論になったり、女子児童に悪口を言ったりして、トラブルになることもある。

　担任が先輩教員に相談したところ、「発達障害の疑いがあるのでは」と言われたため、保護者に特別支援学級へ行くことを勧めた。すると、保護者が「うちの子を追い出す気か。人権問題だ」と管理職に苦情を言った。

背景

　本校は、地方都市にある公立の小学校です。近年、中学受験をする児童が増えてきました。5年生のS男は、突然教室を飛び出したり、クラスの友達とトラブルを起こしたりすることがあります。その度に授業が中断するせいもあって、多くの保護者から「何とかしてほしい」という苦情が担任に寄せられました。

　担任が学年主任に相談したところ「軽度な発達障害があるのでは？」と言われました。そこで、担任がS男の保護者を呼んで、特別支援学級へ行くように勧めたところ、保護者から「人権侵害だ」と強い抗議を受けました。

　間もなく6年生になるこの時期は、受験を意識し始める子が多く、児童も保護者も神経質になっています。授業が進まず、受験に影響が出ることを心配する保護者が多数いるため、落ち着いた教室環境をつくり、授業を進める必要があります。そのため、S男には、一番適していると考えられる特別支援学級へ通うことを勧めたのです。これは、人権侵害になるのでしょうか。

法的アドバイス

●特別支援学級とは

　学校教育法81条は１項で、「小学校においては「障害による学習上又は生活上の困難を克服するための教育を行う」として、２項で、小学校には、「特別支援学級を置くことができる。」としています。

●特別支援教育の理念

　中央教育審議会が平成17年12月８日に出した「特別支援教育を推進するための制度の在り方について（答申）」では、「特別支援教育の理念は障害のある幼児児童生徒の自立や社会参加に向けた主体的な取組を支援するという視点に立ち、幼児児童生徒一人一人の教育的ニーズを把握し、その持てる力を高め、生活や学習上の困難を改善又は克服するため、適切な指導及び必要な支援を行うものである。」としています。

●奈良地方裁判所・平成21年６月26日決定

　車椅子生活を送っている女子生徒が町立中学校への入学を希望したのに、設備の不備などを理由に町教育委員会が進学を認めなかったことに対して、教育委員会の判断は著しく妥当性を欠き、特別支援教育の理念を没却するとして、中学校への進学を認めました。

●奈良地裁決定は「特別支援学級の理念」を重視―将来の可能性を信じ、生徒と保護者の意向を踏まえる―

　決定は「障害のある生徒等一人一人の教育上のニーズに応じた適切な教育を実施するという観点から相当といえるか否かを慎重に検討しなければならない。」として、「生徒自身が何ができないかとの観点のみから判断するのではなく、どのような能力が残され、何ができるのかとの観点から将来の可能性を信じ、生徒及び保護者の意向を踏まえて判断するのが、教育一般の、また、特別支援教育の理念に沿うものであるというべきであるからである。」としています。

●事例について

　担任が先輩教員に相談して、保護者に特別支援学級を勧めたこと自体は、教育専門家の裁量の範囲で人権侵害にはならないと思われます。特別支援学級へ通うことを勧めるときは、Ｓ男が何ができるかとの観点から将来の可能性を信じ、「生徒と保護者の意向」を尊重して押し付けにならないことが重要です。

アドバイスを受けて

　現在、わが国は特別支援教育を推進しており、障害のある児童生徒を、健常者と共に教育することによって、健常者が障害者を助けながら、共存することを学ぶことができます。一方、障害者は、取るべき言動などについて、健常者から学びます。こうして、児童生徒が共存することを体験するのです。

　Ｓ男の実態を把握してもらうために、保護者に何度か授業参観をしてもらいましょう。その上で、選択肢として「特別支援学級」の存在を知らせ、Ｓ男にとって一番必要な支援を受けさせることの重要性を伝えます。本人および保護者の意向を尊重することが重要ですから、最終的には、両者の意向を聞いて、結論を出すようにします。

　他方で、受験を控えた児童に対する配慮も必要です。６年生だけは、ＴＴ（ティームティーチング＝授業を教員二人で担当する方法）にするなども考えられます。教員の人数が足りなければ、時間割の中で、ＴＴを行う科目を絞るなどの工夫をしてください。

5 進級・留年・進路変更に関する規定

53 公立学校における宗教教育の限界

事例

　今年赴任してきたS教諭は倫理の教師で、参考書や問題集を執筆するほどの実力者である。最近は「宗教」について研究しているようで、授業の際にも「宗教」に関する説明が頻繁に行われているようだ。先日、S先生の授業を受けている生徒の保護者から「S先生は授業で宗教について詳しく解説しています。これは宗教教育ではないのでしょうか。公立の高校では宗教教育は認められないはずです」という内容の苦情が寄せられた。校長がS先生に指導をすると、S先生は反論し、口論の末、S先生が折れて保護者の納得を得た。

背景

　S先生は「平成18年に教育基本法が改正され、第15条に『宗教に関する一般的な教養』は、教育上尊重されなければならないという文言が加えられました。私は異文化理解の観点から、宗教に関する知識の習得が重要だと考えて授業で取り上げているのであって、決して特定の宗教を勧めたり、批難しているわけではありません」と主張しました。しかし、校長は「われわれ公立学校の教員は、宗教教育が禁止されている。保護者から疑問視されるような授業をすることは避けるべきです」と言って、授業を改善するよう命じました。
　一般的に、公立学校での宗教教育が認められないことは知られています。しかし、学校では日本史や世界史の授業の中で、宗教に関する事項を取り上げて説明する場面が多々あります。ですから、宗教に関する授業を全く避けるのは難しいと思います。
　では、禁止される「宗教教育」とはどのようなものなのでしょうか。また、宗教教育の限界についてどのように考えればよいのでしょうか。

法的アドバイス

　改正教育基本法第15条は宗教教育について「１　宗教に関する寛容の態度、宗教に関する一般的な教養及び宗教の社会生活における地位は、教育上尊重されなければならない。２　国及び地方公共団体が設置する学校は、特定の宗教のための宗教教育その他宗教的活動をしてはならない」と定めています。

　教育基本法について前文が「日本国憲法の精神にのっとり」と明記しているように、憲法と整合的に理解することが大事です。そもそも、いかなる宗教を信じるか、信じないかは一人ひとりにしか決められないものです。

　そこで憲法第20条は「信教の自由は、何人に対してもこれを保障する」として信教の自由を保障し、第89条は財政上の政教分離原則を宣言しています。

　子どもの権利条約第14条も「１　締約国は、思想、良心及び宗教の自由についての児童の権利を尊重する」と子どもの思想・良心・宗教の自由を保障し、これについて、子どもの父母等の保護者が指示を与える権利及び義務の締約国による尊重を規定しています。

　教諭が宗教についての教育を行うことは教育基本法15条の規定から当然許されますが、１項の「宗教に関する寛容」とは宗教相互だけでなく、無宗教・反宗教に対する寛容も含んでおり、15条は宗教をことさらに優遇しなるべく国民に宗教心を持たせる意味ではないことにも十分に注意すべきです。

　なお、若者がカルトにマインドコントロールされ、人生を破壊される事例が跡を絶ちません。どのような活動や行動が人権侵害や反社会的なものに当たり、関与を避けるべきかについて、明確な視点を持つことが不可欠です。

　この点については、1999年３月に日本弁護士連合会の意見書「反社会的な宗教的活動にかかわる消費者被害等の救済の指針」に示された「宗教的活動にかかわる人権侵害についての判断基準」が「①献金等勧誘活動について、②信者の勧誘について、③信者及び職員の処遇、④未成年者、子どもへの配慮」の判断基準を示していて参考になります。

(http://www.nichibenren.or.jp/library/ja/opinion/report/data/1999_13_1.pdf)

6 政治的・宗教的活動

アドバイスを受けて

　公立学校でも、宗教に関する一般的な教養（宗教の歴史・特色・分布等）について教育を行うことが許されることがわかりました。ただし、国民に宗教心を持たせる意味ではないというので、この点は留意すべきです。

　高等学校学習指導要領の「公共」や「倫理」の学習内容には「宗教」と明記されています。さらに内容の取り扱いでは、「古代ギリシャから近代までの思想、キリスト教、イスラーム、仏教、儒教などの基本的な考え方を代表する先哲の思想、芸術家とその作品を、倫理的な観点を明確にして取り上げること」とあります。学校教育の中で、宗教について説明することが定められているのです。

　校長は「苦情が出ること自体が問題」と言いますが、保護者は授業の内容について、子どもから伝え聞いただけで判断しているようです。まず、校長に授業観察をしてもらい、内容に問題が無いことを確認した上で、保護者に授業参観してもらいます。その際に、教育基本法や学習指導要領を示して、授業の内容・範囲を説明するとよいでしょう。

111

54 校内で布教活動を行った生徒の指導

事 例

　公立高校2年生のM男が、クラスの友人に、熱心に宗教の話をしている。さらに最近、友達を誘って宗教の集会に参加したという。集会に行った友人は、お経の本や数珠などを購入させられたらしいとのうわさが聞こえてきた。
　担任は心配になり、管理職に相談したところ、「本校は公立高校だから、宗教教育を行うことは認められていない」という。それなら、宗教の布教活動も認められないことになるのではないのか。
　M男の勧誘活動をどうやってやめさせたら良いのか、困り果ててしまった。

背景

　M男が先日、仲の良いK男を連れて、宗教の集まりに行ったという。K男は、その宗教に興味がなかったが、熱心に誘うので断りきれずに一度だけついていくことにした。会場はM男の家近くのマンションで、10人以上の若い男女が集まっていたという。
　うわさを耳にした担任は、気になったのでK男を呼んで話を聞いた。すると、「仲の良いM男から強く誘われたので、一度だけ集会に行くことにした。お経の本と数珠を1000円で買わされた」という。K男以外にも何人かの生徒が宗教の集会に誘われて、断りきれず、やむなく参加したようだ。
　担任はM男を呼んで事情を聞いた。すると「僕は宗教の話はしましたが、勧誘するようなことはしていません。友達を集会に誘ったことはありますが、無理やり連れていったことはありません。宗教を信じるかどうかは、個人の内心にかかわることだから、学校からやめろと言われるのはおかしいと思う」と答えた。
　どのように対応したら良いだろうか。

法的アドバイス

●未成年者にも信教の自由が保障

　日本国憲法第20条は「信教の自由は、何人に対してもこれを保障する。」とし、教育基本法15条は「宗教に関する寛容の態度、宗教に関する一般的な教養及び宗教の社会生活における地位は、教育上尊重されなければならない。」としています。また、国連・児童（子ども）の権利条約14条も「締約国は、思想、良心及び宗教の自由についての児童の権利を尊重する。」としています。未成年者が、自由意思で特定の教義を信じ、行事に参加することは、特に高等学校の生徒では、特別の事情がない限り、禁止できません。

●未成年者への配慮

　他方で、中高生を含む未成年者に強引な勧誘活動や騙す勧誘行為を行い、「出家」「献身」と称して施設で生活させ、さまざまな犯罪活動に加担させた事例が明らかになっています。

　1984年5月、EC議会は「新しい型の宗教組織による法の侵害に関する議会決議」で「未成年者は、その人生を決定してしまうような正式の長期献身を行うよう勧誘されてはならない。」としています。日本における宗教団体等の活動を考える上でも大変参考になります。未成年者が指導者の教えや指示を熱狂的に受け入れてしまい、早々と成人後の人生を決定づけてしまうことは問題です。

●日本弁護士連合会の意見書「反社会的な宗教活動に関わる消費者被害等の救済の指針」（1999年3月26日）

　この指針では、宗教的活動にかかわる人権侵害についての判断基準に、1．献金等勧誘活動、2．信者の勧誘、3．信者及び職員の処遇、4．未成年者、子どもへの配慮を挙げています。反社会的な事件を起こしたオウム真理教について「松本サリン事件で7名、地下鉄サリン事件で12名、坂本堤弁護士とその妻子殺害事件で3名、さらに組織内で6名の尊い人命が奪われた。これらの事件で重軽傷を負った市民は1万人を超える。オウム真理教に出家するため、家族と離別してその生死さえ定かでない若者が数十名にのぼる。霊感商法や霊視商法など宗教名目の資金集め活動で被害を被った市民は少なくとも数十万人にのぼる」と指摘しています。

アドバイスを受けて

　高校生にも信教の自由があり、M男の信仰を尊重すること、宗教の歴史的・社会的な意義を話すことは大事です。他方で、反社会的な宗教活動により重大な人権侵害や消費者被害が起きていることを伝えるのも大事です。

　M男は熱心に信仰しているようですが、友人たちはあまり興味関心がないようです。事例のように、友人たちがやむなく宗教の集会に参加したというのであれば、「強要」に当たる可能性があります。何らかの指導が必要です。せっかく構築した友人関係を壊すことのないよう、担任は配慮しながら指導をしてください。例えば、M男に「あなた自身が信仰することは自由です。しかし、誘われた友人はやむなく集会に参加したと言っていますから、今後は友人を宗教に勧誘したり集会に連れていったりしてはいけません。軽率な行動が、重大な結果（犯罪等）を招く場合があります」などと伝えます。

　全校の生徒に「校内校外を問わず、宗教の勧誘活動は行わないこと」といった注意を与える機会をつくると良いでしょう。

---

6 政治的・宗教的活動

55　高校生（18歳以上）の政治活動が認められた

事例

　本校の生徒会では、月例研究会と称して、生徒会役員が毎月交代で、自分が興味・関心をもっている話題について報告し、質疑応答を行っている。生徒会担当の教員は、毎回この研究会に参加して、生徒たちの意見交換の様子を見てきた。今月の月例研究会では、「18歳の選挙権と高校生の政治活動」というテーマで、3年生の副会長が報告した。いままで高校生の政治活動は禁止されていたが、ようやく自分たちの意見を言えると喜んでいた。

　生徒会担当の教員は、このまま放置すると生徒たちは思わぬ方向に行ってしまいそうだと、不安を訴えた。つまり、政治に関する意見を公言できると思って、友人・後輩に自分の意見を押しつけようとする雰囲気があるというのだ。

背景

　本校の生徒会は、問題意識の高い生徒が多く集まっています。これまでにも、募金活動を行ったことがありました。また、盲導犬の導入を促進するための署名集めをしたこともあります。

　現在の生徒会役員は、一歩踏み込んで、政治に関する討論会を計画しています。当然、原発の問題や憲法改正の問題なども話題にする予定です。

　いままで、高校生の政治活動は禁止されていました。それが、平成27年10月29日の文部科学省の『通知』で解禁されました。どの程度まで高校生の政治活動が認められたのでしょうか。我々教員は、高校生の政治活動に関して、どこまで規制することができるのでしょう。18歳で選挙権を得たのですから、政治に関する主義主張を行うことは許されると思います。しかし、高校には、18歳未満の生徒もいるので、校内における政治活動は、当然制限する必要があると考えます。生徒が行う選挙運動や政治的活動に関して、基準はあるのでしょうか。

法的アドバイス

●平成27年10月29日の文部科学省の『通知』

『通知』は「高等学校等の生徒が、国家・社会の形成に主体的に参画していくことがより一層期待される。」としつつ、次の留意事項を示しています（要約は黒岩）。

1　生徒が教育活動の場を利用して選挙運動や政治的活動を行うことについて、政治的中立性が確保されるよう、禁止することが必要である。

2　放課後や休日等であっても、学校の構内での選挙運動や政治的活動については、学校の政治的中立性の確保等の観点から教育を円滑に実施する上での支障が生じないよう、制限又は禁止することが必要である。

3　放課後や休日等に学校の構外で行われる生徒の選挙運動や政治的活動については、以下の点に留意する。

①放課後や休日等に学校の構外で生徒が行う選挙運動や政治的活動については、違法なもの、暴力的なもの、違法若しくは暴力的な政治的活動等になるおそれが高いものと認められる場合には、制限又は禁止する。

②生徒が公職選挙法等の法令に違反することがないよう、高等学校等は、生徒に対し、選挙運動は18歳の誕生日の前日以降可能となることなど公職選挙法上特に気を付けるべき事項などについて周知する。

●生徒の選挙運動と政治的活動

「選挙運動」とは、特定の選挙について、特定の候補者の当選を目的として、投票を得又は得させるために必要かつ有利な行為をすることをいいます。公職選挙法は、選挙運動は18歳の誕生日の前日以降可能となるとしています。このことを生徒に正確に知らせることが大事です。

他方で「政治的活動」については、生徒は年齢に関係なく自由に行う権利があります。「政治的活動」の定義は「特定の政治上の主義若しくは施策又は特定の政党や政治的団体等を支持し、又はこれに反対することを目的として行われる行為」です。『通知』が「学校の構外の政治活動」まで「制限又は禁止する」としたことは、規制が厳しすぎて生徒の人権を侵害するとの批判があります。

6　政治的・宗教的活動

> **アドバイスを受けて**
>
> いま、高校の教員は、生徒にどのような指導をしたら良いのか、細かく検討し、主権者教育について学ぶ必要があります。
>
> 学校の構外での政治的活動を制限することへの批判について、生徒の安全・安心を確保する立場にある学校としては、いくら生徒の権利だからといっても、危険が予測される政治的活動に参加する場合は、構外であっても制限せざるを得ないでしょう。各学校で、生徒指導部を中心に、管理職とも相談しながら議論を重ねて、「生徒の学業や学校教育に支障がある場合は、制限又は禁止する。公職選挙法等に抵触する活動は禁止する。」といったルールづくりをすることが求められます。
>
> 生徒の自主性を育む重要な機会ですから、今回の公職選挙法の改正を機に、学校では、生徒の主権者としての意識の向上につなげるような指導を行いたいと思います。必要な資料を示して、自己の行動の在り方を考えさせるようにします。具体的には、模擬演説会や模擬投票などを行い、生徒に臨場感や実感をもたせると良いでしょう。

56 信仰上の理由で武道の授業を拒否できるか

事例

　高校1年生の生徒が、2学期後半から始まった剣道の授業を休んで見学している。理由は、この生徒が信仰している宗教の教義で、他人と争うことを禁じているためだった。
　体育科の教員が説得に当たったが、頑として言うことを聞かない。剣道の授業に参加しないと単位不認定になって進級できない可能性があると言っても、授業に参加せず、見学している。
　体育科のベテラン教員は、実技科目である体育は参加しなければ単位を与えないと断言しており、担任として困っている。解決策はあるのか。

背景

　本校（県立高校）では、学習指導要領に基づき、剣道を必修にしています。過去に本校の体育科に剣道6段の教員がおり、格技の中では柔道、空手、相撲も候補に挙がりましたが、体育科の教員の中に指導できる者がいないため剣道を必修にしたのです。
　剣道は、1年生の2学期後半に教えています。新入生の中に、信仰上の理由から剣道を拒否する生徒がいるため、体育科の教員が説得に努めました。しかし、生徒は「剣道をやれということは、戒律を破れということです」と答えて、剣道の授業は道場の隅で見学しています。体育科のベテラン教員は「体育は実技科目であるから、実技に参加しない生徒に単位は出せない」と言います。他の種目である程度の成績をとっても、剣道の成績がつかなければ、体育の評定は1になります。管理職から「見学後レポートを提出させるなどして、柔軟に対応してほしい」と言われましたが、体育科は拒否しました。

法的アドバイス

●最高裁第2小法廷・平成8年3月8日判決

市立高等専門学校の学生が信仰上の理由により剣道実技の履修を拒否したことについて、学校長は必修である体育科目の修得認定を受けられないことを理由として2年連続して原級留置とし、それを前提に退学処分にしました。これに対して生徒および保護者から裁判が提起され、最高裁まで争われました。最高裁の判断は次の通りです。

●認定した事実

①この学生は、剣道以外の体育種目の受講に特に不熱心でない。また、体育以外の成績は優秀で、授業態度も真摯である。②学生は、レポート提出等の代替措置を認めてほしい旨繰り返し申し入れていたのであって、剣道実技を履修しないまま直ちに履修したと同様の評価を受けることを求めてはいない。③レポートの提出、または他の運動をさせる代替措置を採用している高等専門学校もある。

●判断のポイント

①高専においては、剣道実技の履修が必須のものとまではいい難く、体育科目による教育目的の達成は、他の体育種目の履修などの代替的方法によって行うことも性質上可能である。②剣道実技への参加を拒否する理由は、信仰の核心部分と密接に関連する真摯なものである。他の科目では成績優秀であったにもかかわらず、原級留置、退学という事態に追い込まれたものというべきであり、その不利益が極めて大きい。③学校長は裁量権の行使に当たり、当然そのことに相応の考慮を払う必要があった。

●結論

①剣道の実技の履修を拒否したのだが、信仰上の理由による正当な拒否なのか、正当な理由のない拒否なのか、区別していない。②代替措置について何ら検討することもなく、原級留置処分をした。③単位不認定の主たる理由及び全体成績について勘案することなく、2年続けて原級留置となったため機械的に退学処分をした。④以上の学校長の措置は、考慮すべき事項を考慮しておらず、または考慮された事実に対する評価に合理性を欠き、その結果、社会観念上著しく妥当を欠く処分である。⑤本件各処分は、裁量権の範囲を超える違法なものといわざるを得ない。

---

6 政治的・宗教的活動

アドバイスを受けて

単位の認定に関して、体育などの実技科目は、生徒が実際に活動することによって技術やルール、知識を習得します。実技を行ってはじめて評価の対象になると考えるため、剣道の実技を行わずに評価を与えることは難しいことです。体育科のベテラン教員が言うことはもっともなことだと言えます。

近年、外国籍の児童生徒が増える傾向にあります。そのため、学校では外国の文化を理解し、個を尊重する教育が重視されています。外国文化には宗教も含まれ、私立学校には建学の精神に宗教を掲げる学校もあります。一方、公立学校では、宗教教育や宗教を校内に持ち込むことが禁止されています。しかし、生徒個人の信教の自由は保障されなければなりません。教育と法の狭間で浮かび上がった問題です。最高裁は、剣道拒否を理由に退学処分することに合理性はなく、違法と判断しました。学校の常識が受け入れられなかったのです。生徒にレポートまたは代替措置をとるなどして、評定は下がるでしょうが、単位認定だけはするべきです。

57 定期考査の問題に大学入試問題を使う

本校は、最近進学校として実績を伸ばしている公立高校である。一般入試で大学に合格する生徒が少しずつ増えてきたため、生徒が定期考査の質の向上を求めるようになった。

先日、数学科の科会で雑談をしているときに、ある先生が「大学入試の過去問には、難しくて、しかも良問がたくさんある。いろいろな大学の入試問題の中から、定期考査の試験範囲にあった問題を選んで出題している。数年以上前の問題なら、大学名と年度を伏せておけば生徒は気がつかないから楽だよ」と話していた。その教師は、数十校の大学の過去問を20年以上前から集めている。数学科の他の教師も、早速過去問を取り寄せて検討を始めた。それを聞きつけた他の教科でも、同じような動きが始まった。

学校としても、普段の授業と長期休業中及び放課後の講習をしっかり受けて、定期考査で良い点数を取れば、難関大学に合格できる実力がつくというシステムをつくりたいと考えていました。ですから、教師側も定期考査の質の向上を目指して、さまざまな工夫と努力をしてきました。

難しいが良問と言われるような試験問題の作成には時間がかかります。高校の現場の教師には時間の余裕がありません。雑談の中で、大学入試問題を借用して定期考査として使っている数学科の教師の存在が明らかになり、他教科の教師も、これなら一石二鳥だと思って、このアイデアに飛びつきました。そして、学校を挙げて定期考査の作成方法が決まりました。

生徒が気づけば、過去問を片っ端から解いて、試験の準備をしてしまうし、大学の著作権に引っかかるとマズイから、大学名や出題年度は明記せずに出題することにしました。しかし、このようなことは、許されるのでしょうか。

法的アドバイス

●教育上の著作物について

大学入試問題は、知的な創作活動によって創り出されたもので著作権の保護の対象になります。しかし、著作権法第35条は教育上の著作物について「学校その他の教育機関（営利を目的として設置されているものを除く。）において教育を担任する者及び授業を受ける者は、その授業の過程における使用に供することを目的とする場合には、必要と認められる限度において、公表された著作物を複製することができる。ただし、当該著作物の種類及び用途並びにその複製の部数及び態様に照らし著作権者の利益を不当に害することとなる場合は、この限りでない」と定めています。

●著作権法第35条ガイドライン

「著作権法第35条ガイドライン協議会」（有限責任中間法人学術著作権協会など権利者団体で構成）は、「学校その他の教育機関における著作物の複製に関する著作権法第35条ガイドライン」を公表しました。

①「教育を担任する者」とは「実際に授業を行う者」があたります。

②「授業」とは「学習指導要領等で示されるもの」であり、具体的にはクラスでの授業、総合学習、特別教育活動である学校行事（運動会等）、ゼミ、実験、実技（遠隔授業を含む）、出席や単位取得が必要なクラブ活動、部活動、林間学校、生徒指導、進路指導などの学校の教育計画に基づいて行われる課外指導が該当します。

③出所明示　著作物を複製する場合には、複製物にその著作物の出所を明示します。出所明示の指導を行います。出所明示の内容としては、以下の項目を明示することが望ましいとされます。

・書籍の場合：書名、作品名、著作者名、出版社名、発行年

●定期考査問題に入試問題を使うことについて

定期考査問題に使用することは「授業」に該当するため問題はありません。しかし「出所明示」が必要なので、大学名を伏せることは「著作権者の利益を不当に害する」と判断される危険性があります。

アドバイスを受けて

過去問を試験問題に用いるときは、出典を明示しなければ、著作権法違反になるようです。そうなると、出典を明記して過去問を使うか、あるいは、教師が自分で試験問題を作ることになります。であれば、教師自身が新たに試験問題を作ることをお勧めします。

大学入試問題の過去問をそのまま使うのではなく、過去問を精査して、参考にし、教師が独自の問題を作成する方が、授業との関係からもより適した試験問題になるでしょう。また、「授業―試験―評価」という一連の教育活動を考えると、授業者が試験問題を作成する方が、生徒の学力の評価を行う上でより適していると思います。

また、普段の授業で用いるプリントでも、市販のワークブックをそのままコピーして使う場面を目にすることがあります。これも著作権法違反になると言えるでしょう。ワークブックをそのままコピーして使うのではなく、参考にしてアレンジするなど、教師自身が独自のプリントを作って授業をすることが大切なのではないでしょうか。

58　文化祭で演劇を上演する

事例

　本校は進学校として有名な公立高校である。文化祭では各クラス全てが演劇を上演している。1年生から3年生まで、全学年の全生徒が2日間の文化祭に全力を傾けて取り組む。毎年、本校の演劇を楽しみにしてくる入場者も多く、盛況である。

　今年、生徒が各クラスの演目等をツイッターで発信したところ、その演目の著作権をもつ劇団関係者が見ていたらしく、学校に著作権の侵害だと訴えてきた。毎年さまざまな有名な演劇の台本を使って文化祭で上演してきたが、このようなクレームがきたことはなかった。

背景

　文化祭は「学校行事」の中の「文化的行事」に分類され、演劇は日頃の学習や活動の成果を総合的に発展させ、発表し合い、互いに鑑賞する行事であり、本校では大きな教育成果を挙げています。

　本校の生徒たちは学業だけでなく、スポーツにも学校行事にも真剣に取り組んでいます。特に文化祭では、各クラスが演劇の水準をいかに高めるかを競い、学年が上がるにつれて質が向上して、見る人たちに感動を与えています。生徒は書店に行ったり、インターネットを駆使して良い台本を探し、クラスで投票して演目を決めます。生徒自身が決めて、全力で取り組むため、演劇を上演した後には、大きな充実感と達成感を味わっています。文化祭が終わった後は頭を切り替えて受験勉強に励む3年生が大勢おり、教師は演劇の完成度を評価して「やらせて良かった」と言っています。また、保護者の多くはわが子の必死の姿を見て、感激しています。

　そこに著作権の問題が起きました。どのように理解し、対処したらよいでしょうか。

法的アドバイス

●著作権とは
　著作者は、著作物の創作によって、著作者人格権と著作財産権をもち、上演権や同一性保持権（変更、改変を行えない権利）、氏名表示権などが保障されています。

●判断の手順
　著作権侵害にあたるのかを判断する際には、上演する脚本が①著作物か、②保護期間内か、③利用行為が著作権の対象となるか、④著作権が制限される場合であるのか、の順で検討します。

●脚本も著作物
　著作権法によると、著作物は思想や感情を元に創作された文学・美術・音楽・学術などの範疇に入るものと定義されています（2条1項1号）。著作権法10条1項は、著作物の例として、①小説、脚本、論文、講演その他の言語の著作物、②音楽の著作物などを例示しています。演劇の脚本は文学と音楽にまたがった著作物です。したがって、無許可での演劇の上演は上演権、脚本の内容の改変は同一性保持権によって禁止されます。さらに脚本家を示さないことは氏名表示権の侵害と言えます。

●保護期間
　保護期間は、著作者の生存中及び死後50年間とするのが原則です。

●営利を目的としない上演等の制度
　著作権法38条1項は「公表された著作物は、営利を目的とせず、かつ、聴衆又は観衆から料金（いずれの名義をもつてするかを問わず、著作物の提供又は提示につき受ける対価をいう。以下この条において同じ）を受けない場合には、公に上演し、演奏し、上映し、又は口述することができる。ただし、当該上演、演奏、上映又は口述について実演家又は口述を行う者に対し報酬が支払われる場合は、この限りでない」と定めています。この制度は、非営利・無料・無報酬で公表著作物の上演を認めるものです。事例の上演も、この要件を満たします。
　なお、生徒が上演しやすいように脚本の一部をアレンジする場合については「やむを得ないと認められる改変」として同一性保持権の侵害にはあたらず、違法ではないと考えられています。

アドバイスを受けて

　高校の文化祭で上演する演劇の脚本の使用に関して、営利を目的にしなければ許容される制度や「やむを得ないと認められる改変」といった例外措置があることがわかりました。生徒の演じる劇ですから、入場料は取りませんし、何度も上演するわけでもないので、著作権侵害にはあたりません。
　著作権が、創作された著作物を保護するためにあることがわかりましたので、不安があったら、作者の劇団に問合せてみるのもよいでしょう。それがきっかけで、作者自身が指導をしてくれたという話もあります。
　このほか、教員が授業で使用するために、小説などをコピーして児童・生徒に配布する場合や、児童・生徒が「調べ学習」のために、新聞記事などをコピーして、他の児童・生徒に配布する場合には、著作権者の了解なしに利用できるそうです。
　詳しくは、文化庁 HP「学校における教育活動と著作権」まで（http://www.bunka.go.jp/chosakuken/hakase/pdf/gakkou_chosakuken.pdf）

7　学校教育と著作権

59 学級通信にアニメキャラクターを使った

事例

　はじめて担任をもったA教諭は、毎週、学級通信を出すことにした。内容は、担任として考えていることや生徒に伝えたいこと、保護者に対するメッセージなどを熱く書いている。

　ほかの教師がつくった学級通信を見せてもらうと、イラストや図表があったり、担任が撮った写真が入っていたりと、華やかな紙面が印象深かった。そこで、アニメのキャラクターをコミックからコピーして学級通信に載せたところ、生徒からの評判が良かったので、学年主任に見せた。すると「アニメのキャラクターを通信に使うのは著作権法違反ではないか」と言われた。

背景

　教員2年目のA教諭は、今年、中学1年生の担任になりました。昨年受講した初任者研修会で行われた特別活動の講座に、「学級通信を通した学級経営」があり、それを受講したA教諭は、担任になったら学級通信を発行して学級づくりに活かそうと決めました。

　A教諭は、入学式の日に第1号を発行し、その後、毎週学級通信を発行しました。最初のうち生徒は、配るとすぐに通信を読んでいましたが、3カ月を過ぎるころから読まない者が出てきました。さらに、ゴミ箱に捨てられているのを発見してしまったのです。がっかりしたA教諭は、生徒の関心を引こうと考え、イラストを入れることにしました。A教諭は絵が苦手なため、アニメのキャラクターをコミックからコピーして貼りつけました。すると、評判が良かったので、毎号、いろいろなキャラクターを使うようになりました。

　そんなある日、A教諭の学級通信を見た学年主任から、「これは著作権法違反に当たるのではないか」と指摘されてしまいました。法的に問題があるのでしょうか。

法的アドバイス

●「キャラクター」は著作物か

　キャラクターとは、漫画などの登場人物、その役柄をいいます（広辞苑第6版）。小説や漫画に具体的に表現されたものではなく、その総体からつくり上げられるイメージがキャラクターと言えます。「ポパイネクタイ事件」（最高裁判所上告審判決、平成9年7月17日）は「著作権法上の著作物は、『思想又は感情を創作的に表現したもの』（同法2条1項1号）とされており、キャラクターとは一般に漫画、ドラマなどの登場人物等の役柄、性格、容姿等のことをいい、キャラクター自体は具体的な著作物とはいえない」としました。

　しかし、「キャラクター」をアニメや漫画で表現した具体的な図柄の一枚一枚の絵は、「絵画、版画、彫刻その他の美術の著作物」（著作権法10条1項4号）なので、著作権の保護を受けます。アニメの原画に著作権があり、原画を真似て利用する場合は、著作権者の許諾が必要になります。

　なお、最高裁判決は「複製というためには、その特徴から当該登場人物を描いたものであることを知り得るもので足りる」としているので、例えば、見た人が「アンパンマンだ」と思えれば複製になります。

●学校における複製

　著作権改正法35条は「学校その他の教育機関の複製」について、「学校その他の教育機関において教育を担任する者及び授業を受ける者は、その授業の過程における使用に供することを目的とする場合には、必要と認められる限度において、公表された著作物を複製することができる。」としました。

　この「授業の過程」の意味について、「著作権法第35条ガイドライン協議会（学術著作権協会などで構成）」の平成16年3月の「学校その他の教育機関における著作物の複製に関する著作権法第35条ガイドライン」は「『授業』は、学習指導要領で定義されるもの」として、「『学級通信・学校便り等への掲載』は『授業の過程』に当たらない。」と明記しています。

　学級通信にアニメのキャラクターを掲載する場合は、著作者の許諾が必要です。

　なお、「新聞記事の切り抜き」も、授業や学校行事で使うときは新聞社への許諾申請の必要はありませんが、学級通信では必要です。

アドバイスを受けて

　授業の過程での使用が例外的に認められているため、多くの先生が学級通信で使っても問題ないと思っていたことでしょう。

　それでは、どうしたら良いのでしょうか。紙面を華やかにするために、イラストや絵がどうしても必要というなら、先生自身が絵を描く方法があります。A教諭は絵が苦手とのことですので、難しいかもしれません。それなら、生徒に描いてもらうという方法があります。クラスには、絵の上手な生徒が必ずいるものです。また、市販のイラスト・カット集や著作権フリーの画像を利用しても良いでしょう。

　興味をもって通信を読んでもらいたいなら、担任から語りかけるだけでなく、生徒や保護者の意見・考えを集めて掲載するといいかもしれません。そうすれば、双方向の意見交換が可能になります。

　学級通信の意義を考えると、キャラクターで引きつけるのではなく、生徒が必要とする情報を発信するなど、内容で勝負するようにしてはいかがでしょうか。

60 学校の文化祭でレンタルビデオの映画を上映できるか

事例

　文化祭の出し物を決定する時期がきた。既に第一次案を提出したが、他のクラスの出し物と重なったため、実行委員会で企画書の審査を行い、わがクラスは残念ながら失格となり、別の出し物を考えなければならない状況になった。先日のホームルームの時間に実行委員から説明を受けた生徒たちは、改めて出し物の検討を行った。その結果「映画を上映する」ということで意見がまとまった。ただし、自分たちで映画を撮影するには時間がないので、過去の名作映画をレンタルして、それを教室で上映することになった。

　担任は、生徒たちの話し合いの様子を見ていて、「著作権のことが心配だ」と言って、生徒たちの結論を留保した。

背景

　文化祭は、特別活動の中の「文化的行事」の一つに当たります。文化祭を通して、生徒の団結力や協力体制、リーダーシップの育成等が可能なため、担任は、文化祭をホームルーム経営上重視します。

　事例では、第一次案が重複したため、出し物の変更が求められました。企画書による審査で、他のクラスに及ばなかったのです。クラスの実行委員は、このことを伝えて、再度出し物を考え直すことにしました。みんなで相談した結果「映画の上映」という案が浮上しました。提案者は「DVDを借りてきて教室で上映する。費用も安く済むし、われわれ生徒の負担も少ない」と説明しました。他の生徒たちも賛同したため、出し物は「映画の上映」に決まりました。この話し合いを聞いていた担任は「映画には著作権があるため、教室で簡単に上映することは難しいと思う。著作権について調べるので、少し時間が欲しい」と言って、その場で決定しませんでした。借りたDVDを文化祭で上映することは許されるのでしょうか。

法的アドバイス

著作権法の検討と DVD を借りたときの契約のチェックが必要です。

●「非営利」「無料」の場合は自由

映画を上映することは一般的には著作物の上映に当たり、著作権者の了解が必要です（著作権法22条）。しかし、例外として「非営利」かつ「無料」の場合は、著作権者の了解なしに上映ができます（著作権法38条）。

これは、公の上映が「非営利」かつ「無料」で行われる場合は、普通は大規模なものではなく、また頻繁に行われるものではないので、著作権者に大きな不利益を与えないと考えられるためです。

「非営利」と言えるためには、直接的にも間接的にも営利に結びつかないことが大切です。映画の上映により文化祭への参加者が増えて模擬店などの売上げが増えると「営利」とみられるおそれがあります。「無料」と言えるためには観衆から名目がどんなものでも対価を受けてはいけませんので、「お茶代」などの名前でも「料金」とみなされるおそれがあります。

文化祭のクラスの出し物として上映することは、買った DVD の場合は、「非営利」で「無料」ですので、著作権法では著作権者の了解なしにできます。

●レンタル店との契約のチェックが必要

借りた DVD の場合は、レンタル店との契約のチェックが必要です。そもそもレンタルビデオは上映会用に貸与するものではありません。映画を借りる場合は、その店の会員になる必要があり、契約を取り交わしていて、契約書には「個人視聴以外には使わない」と書いてある場合が多いと思います。

文化庁の『著作権なるほど質問箱』の「回答」も「原則としてその契約の内容に従うことになります。」としています。

したがって、権利者と相談することが大事で、借りた DVD を無断で上映することはレンタル店との契約違反となるおそれがあります。

※参考「学校における教育活動と著作権」文化庁長官官房著作権課発行

---

7 学校教育と著作権

アドバイスを受けて

購入した DVD であれば、著作権法に触れることなく上映できることがわかりました。

出し物の負担が軽くなったので、生徒たちは上映会場やポスター作り等に力を注ぎました。こうしたことをやり遂げることにより、自主性、企画立案能力等を高めるとともに達成感や連帯感を味わい、責任感と協力の態度を文化祭を通して養うことができました。

文化祭で演劇を上演する場合も、営利を目的にせず、かつ観客から料金を取らなければ、可能です。この制度は、非営利・無料・無報酬で公表著作物の上演を認めるものです。

このほか、著作権法では、学校等の教育機関が授業の過程で使用する場合、著作物の複製を認める規定があります。例えば、定期考査に入試問題を使うことは、授業に当たるため、出所を明示すれば認められます。しかし、学級通信にアニメのキャラクターを使うことなどは認められません。学級・学年通信等への掲載は、「授業の過程」ではないからです。

梅澤秀監
（うめざわ・ひであき）

東京女子体育大学・短期大学特任教授
1953年、東京都生まれ。高校の教員を経て、現職。
國學院大學大学院法学研究科博士課程前期修了　修士（法学）
「少年法研究会」「子どもの人権研究会」「東京都高等学校特別活動研究会」などに参加して、生徒指導や特別活動の実践・研究を行う。「日本特別活動学会」「日本生徒指導学会」「日本教育法学会」「日本道徳教育学会」に所属。

【主な著作・論稿】
・『これだけは知っておきたい生徒指導の判例と少年法』学事出版
・『CD-Rでアレンジ自在　ホームルーム活動ワークシート』学事出版
・「判例から考える頭髪指導」（『月刊生徒指導』2018年10月号・学事出版）
・「高校野球部員が熱中症で死亡した事故につき、県の国家賠償責任を認めた事例」（『週間教育資料』No.1525・日本教育新聞社）

黒岩哲彦
（くろいわ・てつひこ）

弁護士
1953年、福岡県生まれ。中央大学法学部法律学科卒業。1981年に弁護士登録。社会的に耳目を集めた少年事件の付添人・弁護人を担当し、少年非行問題に取り組む。校則裁判も担当。
2006年6月～2008年6月 日本弁護士連合会子どもの権利委員会委員長
2007年5月17日 参議院法務委員会で参考人として意見陳述（テーマ：少年法改正問題）

【主な著作・論稿】
・『相談しやすい弁護士40人』（少年問題）毎日新聞社
・「親と子の諸相」津田玄児 編著『子どもの人権新時代』日本評論社
・「手続きの全過程を教育の場に」後藤弘子 編『少年犯罪と少年法』明石書店
・『子ども権利オンブズパーソン』（共著）日本評論社

教育と法の狭間で
法的アドバイスをもとにした実際の生徒指導事例60

2019年12月15日　初版第1刷発行

著　　者	梅澤秀監・黒岩哲彦
発 行 人	安部英行
発 行 所	学事出版株式会社
	〒101-0021　東京都千代田区外神田2-2-3
	電話　03-3255-5471
	http://www.gakuji.co.jp
編集担当	町田春菜
イラスト	松永えりか
制　　作	精文堂印刷株式会社
印刷・製本	研友社印刷株式会社

落丁・乱丁本はお取り替えします。
© Hideaki Umezawa, Tetsuhiko Kuroiwa, 2019
ISBN978-4-7619-2598-7 C3037　Printed in Japan